LAW&BUSINESS
法商圖書

投行小兵——著

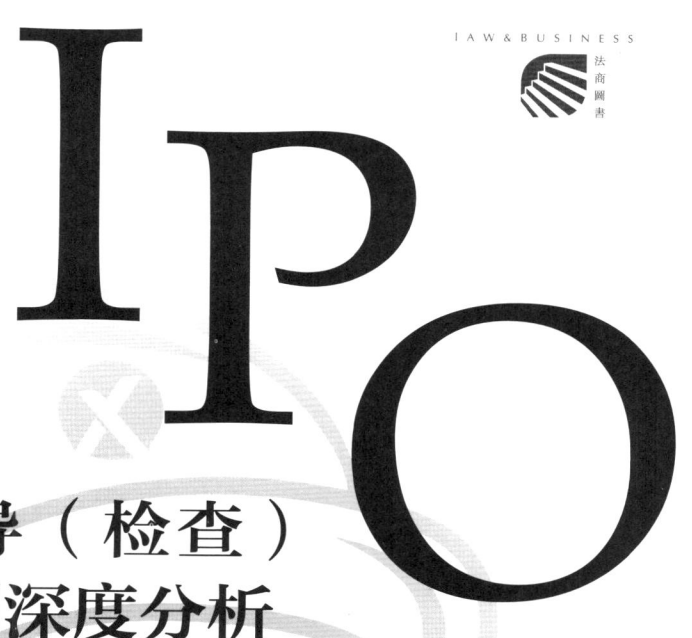

IPO

现场督导（检查）典型案例深度分析

打破审核边界　探求监管尺度

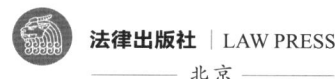

法律出版社 | LAW PRESS
北京

图书在版编目（CIP）数据

IPO 现场督导（检查）典型案例深度分析 / 投行小兵著. -- 北京：法律出版社，2024. -- ISBN 978 - 7 - 5197 - 9264 - 0

Ⅰ. D922.291.915

中国国家版本馆 CIP 数据核字第 202441AA56 号

| IPO 现场督导（检查）典型案例深度分析
IPO XIANCHANG DUDAO(JIANCHA)
DIANXING ANLI SHENDU FENXI | 投行小兵 著 | 责任编辑 慕雪丹　章　雯
装帧设计 汪奇峰　鲍龙卉 |

出版发行　法律出版社	开本　710 毫米×1000 毫米　1/16
编辑统筹　法商出版分社	印张　12.5　　　字数　226 千
责任校对　赵明霞	版本　2024 年 7 月第 1 版
责任印制　胡晓雅	印次　2024 年 7 月第 1 次印刷
经　　销　新华书店	印刷　三河市兴达印务有限公司

地址：北京市丰台区莲花池西里 7 号（100073）
网址：www.lawpress.com.cn　　　　　　销售电话：010 - 83938349
投稿邮箱：info@lawpress.com.cn　　　　客服电话：010 - 83938350
举报盗版邮箱：jbwq@lawpress.com.cn　　咨询电话：010 - 63939796
版权所有·侵权必究

书号：ISBN 978 - 7 - 5197 - 9264 - 0　　　　　　定价：59.00 元

凡购买本社图书，如有印装错误，我社负责退换。电话：010 - 83938349

自序

如果你曾经经历过，或者你还记得，我们姑且可以将 2012 年看作 IPO 财务核查的元年。在此之前，没什么走访客户供应商，更没什么核查银行流水，那时候招股书 200 多页就很多了，工作底稿一辆桑塔纳的后备箱都装得下。

不知不觉，12 年过去了。如果再过 12 年，让你回头看，你会不会将 2024 年看作是 IPO 现场检查（现场检查包括现场督导，下同）的元年？说不定以后，IPO 现场检查也会成为常态，成为 IPO 的标准动作，你也会慢慢习惯逐渐接受，就和你已经接受了财务核查就是 IPO 必不可少的有机组成部分一样。

铁粉都知道，我已经写了很多案例分析的专题，有的专题都陆陆续续写了 300 + 的案例，看起来还挺有成就感。其实，在开始任何一个案例分析专题研究的时候，我从来没有想过会成为一个多案例组成的系列，都是边写边完善，边写边形成体系，边写边有了更多心得，或许写到三分之一才确定了一定要把这个系列写得更详细更丰富更完善的目标。其实，每一个案例系列，最初的几篇十几篇案例分析其实都不成样子，歪七扭八甚至连标题都"各有千秋"。

其实，IPO 现场检查案例分析的这个系列也是如此。后面，还将跟大家陆续进行分享的 IPO 处罚案例分析系列、上市公司处罚案例分析系列，都是一样的模式和思路。

我们IPO现场检查案例分析的资料主要来自交易所定期发布的审核动态中，一开始审核动态披露的资料不规律，我们的分析也不规整，慢慢地一起进步一起学习，现在算是有了成熟的模样。

截止到目前披露的IPO现场检查的案例我都进行了分析，已经有40个。这本书收录的案例只有最初的13个，书稿也是基本确定在2023年下半年，因而，当初这本书真的是无意去蹭2024年IPO新政的热点。最初也没有将案例进一步拆分整合并出版的想法，后来是一些朋友提出来如果我这样去做会非常有意义，对大家也会有很大的帮助，重新按照一个新的架构体系整理分析无论是对个人学习还是大家分享学习都有更多的价值。既然有意义，那就做起来！

其实，证监会主导的IPO现场检查已经有超过10年的时间了，只是除了抽签确定检查对象之外，诸如检查过程、检查要点、检查结论、处理结果等市场关注的内容基本上不公开，因而大家都觉得很神秘，因为神秘从而觉得很可怕。交易所重点参与的IPO现场督导，通过各种方式尽量做到公开透明，不过仍旧有一些比较典型的问题，大家还是很关注。关于现场检查对于IPO审核的意义和价值，我们在案例分析中不同的地方交代了很多观点和思路，关于IPO现场检查有几个问题，跟大家分享一下。

1. 关于现场检查为何总是能发现一些中介机构未能发现的雷？

现场检查中，监管机构采取的主要核查流程，除了可以穿透核查资金流水外，其他核查方式通常没有超出中介机构所能采取的核查手段范围。那为什么中介机构通常就发现不了某些问题呢？这其实更多并非是中介机构执业能力或者说专业胜任能力有问题。客观地说，专业水平最高的还是市场机构的从业人员，导致出现问题的根源还在于"独立性"。保荐机构面对甲方爸爸发行人，不仅要跟其他保荐机构竞争服务水平拉项目，后续还要从发行人那里收取承销保荐费，甚至很长一段时间在尽职调查现场的吃喝拉撒都由发行人负担。如此"亲密""长期"接触下来，如何能确保没有和发行人"抱团"，是一个极具挑战的问题，实践中我们称之为"项目组情节"。从利益角度来分析，只有保荐机构觉得和发行人"抱团"可能产生的损失、风险，远远超过其可能获得收益时，才可能逐步提升独立性，真正做好"资本市场开门人"，反之那就"睁一只眼闭一只眼"呗。

2. 关于现场督导和现场检查到底有没有重要性？

很多市场主体认为，监管部门眼里容不得沙子，在督导检查中没有重要性的概念，无论是大问题、小问题还是鸡毛蒜皮的事，都会上纲上线，导致项目撤否、相关主体被处分。不论发行人和保荐机构，这里也是一个很大的误区，可以从以下两个方面认识该问题：

一方面，就重要性而言，现场检查中肯定是有重要性把握的，但这个把握必然是现场检查完成后，督导组、检查组在确定督导检查结论时才会去考虑，而不会是在督导检查过程中去考虑。举个通俗例子，你去做体检，在做体检的过程中，肯定是非常细致严格，把你身体各种大大小小异常都提示出来，最后要形成结论判断你是否健康时，如果都是些小问题，肯定不会影响对你是否健康的整体判断，而且由于经过了严格细致的检查，得出的结论信服力更强。而如果体检过程中就放水，该做的项目不做，或者应付着做，根本就无法确保识别出身体的绝大部分异常，那就算最后体检结果没有提示什么异常，能由此得出你身体健康的结论吗？同样的道理，如果经过了严格细致的检查和督导，也没发现什么大问题，最后督导检查结论肯定会考虑所发现问题重要性的。

另一方面，有些问题其实已经触发发行条件，但由于是带有一定普遍性的问题，此时如果在督导检查中，监管部门对此猛追不放，也会让市场主体认为监管部门过于苛责。这种涉及 IPO 审核红线的问题需要保荐机构和发行人合力去解决，尽量提前规范好某些具有普遍性的问题，而不是要求监管部门都走到现场检查、现场督导这个环节了，再去跟监管部门说，大家都这样干你们能不能就当没看见算了，这个监管部门能答应吗？

3. 大幅提高现场检查、现场督导比例背景下，如何正确看待、应对督导、检查？

首先，必然是中介机构和发行人都要提高重视，原来书面审核下各种应付式的规范、整改肯定是行不通了，对存在的问题必须动真格，真整改才行，不然一旦被检查、督导，那是一定经不起查的。

其次，督导检查比例大幅提高，其本意不是为了来劝退，或者说把大家吓得都别申报了，而是为了让大家高质量申报。通过提高现场检查比例的监管政策告诉市场，我们要大面积检查督导的，大家申报时务必要真正帮发行人做好规范整改、认真做好申报材料、细致做好尽职调查。

再次，结合前面提到的重要性问题，督导检查中总会多多少少发现些问题，但只要不是涉及发行条件的实质性问题，就是可以整改规范的，不用太过于担心。甚至，就算是涉及发行条件的实质性问题，只要不存在发行人主观故意造假、对抗监管等恶劣情形，本次撤回或被否后，也可以整改后再次申报，并不是"一锤子买卖"，督导检查完撤否的项目，二次申报成功的案例众多，大家也要有信心。

最后，还要说一个关于市场主体和监管机构最典型的一个认知差异问题。IPO申报期是三年一期，监管可能更倾向于这拿来申报的三年一期，就是规范整改好的三年一期，这是没啥问题的了。但实际情况是，很多项目是申报期后半段中介机构才真正进场去尽职调查，才发现问题并开始整改规范，此时，如果要用之前的早期财务数据作为申报期，必然会出现大量后补、倒签、粉饰包装等各类问题，这也跟注册制早期各方"大干快上"的错误思路有关。大家切记IPO急不得，在检查督导比例大幅提升的情况下，给大家一个应对的实在办法，那就是：真正将企业整改规范好，好好规范运行3年，拿这个"干净"的3年报表来申报，在目前的严监管环境下，或许是一个更加理性和合理的选择。

目录

第一部分　部分客户的收入真实性存疑　　001
　第一节　客户销售及收入确认存在异常　　003
　　一、真美食品：发行人对部分客户的销售存在异常　　003
　　二、北农大：发行人对部分客户销售收入存在异常　　006
　　三、德芯科技：发行人对部分集成商客户的销售存在异常　　010
　　四、金张科技：发行人对部分客户销售收入存在异常　　012
　　五、大汉科技：销售收入真实性存在疑问　　016
　　六、科拓股份：发行人对部分客户的销售存在异常情形　　019
　　七、穗晶光电：未对发行人积压品销售相关异常情形保持充分关注并进行审慎核查　　023
　　八、亚洲渔港：发行人对部分客户的销售存在异常　　026
　　九、征图新视：销售真实性存在异常　　029
　　十、谷麦光电：发行人2021年新增业务的销售真实性存疑　　034
　　十一、北交所某案例：保荐机构对B公司向境外贸易商销售真实性的函证程序执行不规范　　036
　第二节　涉嫌提前或推迟确认收入　　039
　　一、蓝然科技：涉嫌提前确认收入以及推迟确认收入　　039

二、咏声动漫：发行人收入确认的时点不准确　　043

第三节　境外销售收入的真实性存疑　　045

　　一、嘉禾生物：发行人对美国客户销售收入真实性存疑　　045

　　二、芯德科技：发行人部分外销收入存在异常　　050

第四节　销售模式发生变动导致收入真实性存在疑问　　053

　　一、美庐生物：发行人定制模式收入大幅增加且真实性存疑　　053

　　二、生泰尔：销售模式变动的真实性存疑　　056

第五节　不恰当使用总额法确认收入　　058

　　一、谷麦光电：发行人涉嫌不恰当地以总额法代替净额法确认收入　　058

　　二、科隆新能源：第一大客户收入确认由净额法调整为总额法　　061

第二部分　成本费用的真实性与完整性　　063

第一节　关联采购定价的公允性存疑　　065

　　一、爱联科技：关联采购价格的公允性和合理性存疑　　065

　　二、金张科技：发行人关联采购价格公允性存在异常　　069

第二节　市场推广费完整性　　071

　　一、咏声动漫：发行人市场推广费的完整性存疑　　071

　　二、小影科技：发行人市场推广费的完整性存疑　　075

　　三、大汉科技：居间服务真实性存疑　　077

　　四、点众科技：运营支撑业务的合理性存疑　　079

第三节　研发费用与上市条件　　083

　　一、某科创板案例：对于委托研发的研发费用存疑，进而影响基本上市条件　　083

二、某创业板案例：将研发人员数量作为"三创四新"
　　　　认定标准存疑　　　　　　　　　　　　　　　　086
　　三、福特科：研发人员认定存在重大疑问　　　　　　088
　第四节　其他对成本影响的情形　　　　　　　　　　　090
　　一、嘉禾生物：发行人境外存货的真实性存疑　　　　090
　　二、科拓股份：固定资产折旧政策不谨慎　　　　　　092
　　三、北交所某项目：保荐机构对B公司存货真实性核
　　　　查不充分　　　　　　　　　　　　　　　　　　094

第三部分　大额资金异常往来　　　　　　　　　　　　　　095
　　一、真美食品：涉嫌通过虚假采购套取资金用以虚构
　　　　回款　　　　　　　　　　　　　　　　　　　　097
　　二、乔合里：实际控制人可能控制他人银行卡，且存
　　　　在大额异常资金往来　　　　　　　　　　　　　101
　　三、正业设计：实际控制人大额分红款去向存在异常　105
　　四、生泰尔：发行人销售人员存在大额异常资金往来　108
　　五、亚洲渔港：重要供应商向发行人员工大额转账　　110

第四部分　内控有效性与财务规范性　　　　　　　　　　　113
　第一节　资金管理内控问题　　　　　　　　　　　　　115
　　一、北农大：存在大量代管客户银行卡的情形　　　　115
　　二、科隆新能：通过供应商占用发行人资金，且解决
　　　　方案存疑　　　　　　　　　　　　　　　　　　116
　　三、天威新材：报告期内存在个人卡代收货款押金等
　　　　不规范情形　　　　　　　　　　　　　　　　　118
　　四、福特科：发行人可能涉嫌资金占用的情况　　　　120

第二节　财务规范内控问题　123

一、亚洲渔港：与销售和采购相关的内部控制存在缺陷　123

二、北农大：会计与出纳大量混同　125

三、天威新材：报告期内持续存在内控管理不规范的情形　126

四、大汉科技：财务内控有效性存在缺陷　128

五、科拓股份：业务原始单据不完整　130

六、福特科：发行人存在内控规范性问题　132

七、穗晶光电：发行人内部控制方面存在重大缺陷　134

八、北交所某项目：保荐机构对B公司内部控制有效性核查不充分　136

九、点众科技：发行人经营业务合规性异常　137

第五部分　股权清晰与实际控制人认定　139

一、恒茂高科：涉嫌存在股权代持　141

二、科隆新能：实际控制人涉嫌未真实解除股权质押　143

三、杭州碧橙：涉嫌虚假认定实际控制人　146

四、芯德科技：发行人实际控制人认定的准确性存疑　149

第六部分　保荐人执业质量瑕疵　153

第一节　对收入真实性的核查不到位　155

一、恒茂高科：保荐人对发行人境外销售真实性核查不到位　155

二、正业设计：保荐人对发行人供应商的核查不到位　157

第二节　对资金流水核查不到位　159

一、恒茂高科：关键人员异常，资金流水核查不到位　159

二、小影科技：保荐人对相关主体境外资金流水核查
不充分　　　　　　　　　　　　　　　　　　　161

三、穗晶光电：对发行人及相关方资金流水核查不充分　164

四、德芯科技：大额理财和取现核查不到位　　　　　166

五、天威新材：对发行人相关资金流水核查不充分　　168

六、北交所某项目：保荐机构对某公司关键人员资金
流水核查不充分　　　　　　　　　　　　　　　170

第三节　内控和信披　　　　　　　　　　　　　　　　172

一、穗晶光电：未充分核查发行人研发费用、成本核
算、产品质量控制等事项　　　　　　　　　　　172

二、美庐生物：未充分披露与经销商存在售后代管代
发安排，相关信息披露与实际情况不符　　　　　174

三、天威新材：未按照审核问询要求如实、完整披露
客户关键人员为发行人及关联方前员工、与关联
方重叠供应商等情形　　　　　　　　　　　　　177

四、天威新材：部分事项核查程序执行不到位　　　　178

五、福特科：发行人违规担保信息披露不完整　　　　180

第四节　其他方面　　　　　　　　　　　　　　　　　182

一、美庐生物：发行人关联交易未真实终止　　　　　182

二、天威新材：未严格执行利益冲突审查和回避管理
相关规定　　　　　　　　　　　　　　　　　　186

第一部分

部分客户的收入真实性存疑

第一节 客户销售及收入确认存在异常

一、真美食品：发行人对部分客户的销售存在异常

（一）在建工程预付款支付存在异常

发行人向施工方 E 公司、F 公司付款进度持续超过实际工程进度，在相关土建工程完工进度仅为 15%、8% 时，发行人分别向 E 公司、F 公司支付 4115 万元、2280 万元，占相关工程预算金额的比例分别为 34%、82%；装修工程尚未开工时，发行人已向 E 公司预付 1458 万元，占比为 53%。对前述流出资金是否存在体外资金循环等，保荐人未能提供客观证据予以合理解释。

> **小兵评析**
>
> 在财务造假的操作中，一般情况下都是通过调节收入和成本来影响损益表从而实现造假的目标。实现这个目标，不仅要调节收入和利润的相关数据，更需要相关资金流水以及其他资产类科目的配合。实践中，如何将财务造假形成一个完整的"闭环"，资产类客户是需要动很大脑筋的。
>
> 在建工程常被用于财务造假，主要有以下几个方面的原因：（1）真实性核查不存在障碍，但准确性核查存在天然的屏障，核心就是在建工程造价具有较大调节空间。只要存在这个在建工程，中介机构通过现场查

看等方式就难以推翻其存在性，但又无法保证合理性。（2）后续好消化。对于在建工程，后续将其转入固定资产，无论是通过日常计提折旧，还是在某些时候计提减值，都可以将虚增的在建工程消化于无形。

具体到本案例，关于在建工程存在明显异常的情形主要体现在以下三个方面：（1）发行人实际控制人于 2020 年 1 月、7 月向施工方对接人转账 600 万元、400 万元，未对此提供合理解释。（2）在相关土建工程完工进度仅为 15%、8% 时，发行人向两家建筑公司分别支付 4115 万元、2280 万元，占相关工程预算金额的比例分别为 34%、82%。（3）装修工程尚未开工，发行人已向 E 公司预付 1458 万元，占比为 53%。

（二）部分现金回款存在异常

发行人不同城市的多个客户、同一城市的多个客户，均多次存在同一天、同一银行网点、同一柜台向发行人现金回款的情况，且回款时间非常接近，涉及回款金额合计 1870.8 万元。

小兵评析

关于这种回款的情况，要不就是隐藏很深没有被发现，一旦发现了端倪，发行人和中介机构还有什么可说的！如果这样的情形被证实是没有争议的，那么发行人存在财务造假的情形基本上是可以确定的。

具体到本案例关于现金收款的情形，我们结合其他公开披露的资料，可以简单总结如下：（1）报告期内发行人韶山地区 4 家经销商客户多次在同一天向韶山分公司汇缴货款，缴款单回单显示缴存时间在 10 分钟之内且银行操作员为同一人，金额合计 1542.8 万元。（2）潮汕地区 3 家位于不同城市的客户多次于同一天相近时间、同一银行网点以现金方式缴款，金额合计 328 万元。（3）4 家韶山客户回函快递单单号、时间均接近且为同一快递员收件。

（三）客户函证回函存在异常

保荐人函证底稿显示，4家客户询证函回函快递单号接近，打印时间在5分钟之内，且为同一快递员收件。会计师函证底稿却显示，前述4家客户中3家客户回函寄件人为发行人员工，回函地址均为供应商C公司。

> **小兵评析**
>
> 本案例披露的关于收入客户的三个重大督导问题，基本上就是我们实践中常见的最典型的 IPC 财务造假的模式，包括虚构资金流出、虚构客户回款、虚构客户函证三个路径。从某种意义上来说，这是通过虚构收入实现财务造假必备的三个要件。从另外一个角度来理解，如果一个事项满足了这样三个条件，基本上可以认定是存在重大财务造假风险的。

二、北农大：发行人对部分客户销售收入存在异常

发行人下游为养殖行业，客户较为分散，其中自然人、经销商客户占比较高。发行人设立子公司，负责对外销售。

现场督导发现，发行人对部分客户销售收入存在异常。

（一）实际控制人及关联方大额资金流出

发行人实际控制人及其控制的企业、子公司负责人甲，在报告期内存在约 10,000 万元的大额资金流出，保荐人对相关资金的实际用途以及是否存在体外资金循环未能提供合理解释。

> **小兵评析**
>
> 众所周知，实际控制人以及关联方的银行流水核查是 IPO 财务核查重要的核查内容，也是寻找企业财务造假线索和痕迹的重要手段。而具体到这个案例，应当说是一个典型的通过银行流水核查来确认企业销售存在异常甚至造假风险的案例，其异常的银行流水金额之大、频率之频繁，的确在 IPO 案例中罕见。
>
> 实际控制人以及相关关联人员报告期内有 1 亿元的大额资金流出，关于资金的用途却不能有充分合理的解释。当然，就资金流水核查的角度而言，这种情况下发行人和中介机构可以自我解释资金用途不明确，没有

核查到位，发表意见不审慎。如果是这个程度，那么只能怀疑与发行人体外资金循环有关，并不能明确发行人的收入就一定有问题，也有可能真的与发行人收入真实性没有关系。

（二）客户回款存在重大疑问

发行人个别客户回款金额和时间，与发行人实际控制人、子公司负责人甲转出资金的金额和时间高度匹配，客户回款涉嫌来自后者，金额合计约 300 万元。

小兵评析

结合我们前面分析的第一个问题，那么这里现场督导获得的资料，恰恰是为第一个问题存在的某些疑问提供确定性证据，那就是：发行人个别客户的回款与实际控制人资金对外转出的金额和时间高度匹配，而这种金额和时间的匹配也是资金流水核查最重要的原则和标准。为 IPO 审核中的疑问提供明确的证据和答案，这就是 IPO 现场督导最大的价值和意义，哪怕只是找到了其中几个典型的客户或者回款异常的情形，哪怕并不能覆盖所有的异常情形，只要找到一个突破口，找到财务造假的痕迹和可能，也算是为 IPO 上市公司质量的把关做了重要的贡献。

（三）重要客户与发行人高管存在潜在关联关系

发行人子公司负责人甲涉嫌实际控制发行人重要客户 A 企业（个人独资企业），且与发行人重要经销商 B 的唯一终端客户疑似存在关联关系。其中，A 企业为发行人报告期新增客户且迅速成为前五大客户，发行人对其销售额约 3500 万元；B 为发行人报告期新增经销商，当年即成为发行人第二大经销商，发行人对其销售额约 1300 万元。

小兵评析

　　这个问题涉及的情形，在众多的 IPO 审核案例中都是不多见的，不属于普遍存在的情形，原因就是这基本上算是 IPO 实践中的红线问题，是可以直接导致对发行人财务数据真实性的怀疑，因而需要彻底核查清楚并且解决之后再申报 IPO。当然，也有很多企业可能没法解决也就暂时放弃了 IPO 的想法。像本案例这种情形，属于典型的"带病申报"，应引以为戒，希望后续不再出现类似的情形。

　　从财务核查和财务真实性的角度来说，发行人排名前五的重要客户竟然是发行人子公司高管控制的，仅仅这一项，这个企业的财务数据就不值得信任。当然，这个案例涉及的类似问题还是很多的，严格统计前五大客户，有三个都存在重大造假的风险。在公开披露的督导案例分析中，因为披露的信息不完整，看起来不是那么清晰，小兵这里根据 IPO 否决时披露的内容给大家补充一下，其余的不再解释，大家可以自行分析和判断：

　　1. 发行人重要子公司总经理陈某将投资款转为对陈某某的个人借款并用于投资飞翔蛋鸡场，陈某某除了作为飞翔蛋鸡场投资人外，还在中国平安保险公司担任后援服务职务，其从事蛋鸡养殖的经验在一年左右，缺乏相关经验；陈某某及飞翔蛋鸡场系发行人主要客户，发行人为陈某某及飞翔蛋鸡场的唯一供应商。

　　2. 在陈某某 2018 年 6 月 21 日成为飞翔蛋鸡场实际控制人之后，2018 年 6 月 22 日发行人即开始向该陈某某销售，且立即授予对方的赊销额度超过 200 万元，2019 年和 2020 年的赊销额度均超过 500 万元，年终结清货款，信用期接近一年，发行人对缺乏养殖经验的新增客户陈某某的信用政策显著优于其他客户。

　　3. 发行人 2020 年对余某某的销售金额为 1330.50 万元，余某某为发行人 2020 年新增经销商且为当年第二大经销商、第四大客户。余某某从事养殖行业不足一年，无员工且无仓库，发行人为其唯一供应商，毕某某为其唯一终端客户且与余某某存在亲属关系，余某某2020年才开始与发行人合作，发行人对其信用政策却显著优于其他客户。

4. 中介机构通过对陈某资金流水的核查，发现其与6个发行人的客户或供应商存在资金往来（陈某某、爱咯合作社、夏某、陆某某、陈雨某、王某某）。

（四）发行人无法提供与销售订单匹配的物流凭证或客户自提记录，对部分客户的销售存在异常

小兵评析

关于物流单据财务造假的问题，在很多的督导案例中我们已经专门做过分析，而很多虚构的销售如果不能提供物流单据，发行人可能就会解释为自提。从财务核算和核查的角度来说，这种货物自提的销售方式与现金交易的结算方式本质上差不多，对于公司的内控有着更加严格且特殊的要求。此外，就算是存在自提交易的情形，那么金额和比例绝对不能高，不然直接影响财务数据的真实性且无法自我证明。

三、德芯科技：发行人对部分集成商客户的销售存在异常

发行人披露，其主要通过集成商客户实现销售，报告期各期该模式收入占比均超过 70%。集成商客户采购发行人产品后进行加工、调试，并组合其他外购件，以系统集成方式向终端客户交付并提供后续服务；集成商客户除具有系统集成能力外，还拥有丰富的终端客户资源和终端服务能力。

现场督导发现，发行人对部分集成商客户的销售存在异常：

1. 前十大集成商客户企业规模普遍较小，实缴注册资本和参保人数均较少，与发行人对其销售规模明显不匹配。例如，报告期内第二大集成商客户 A 公司向发行人采购金额合计约 1500 万元，但其实缴注册资本为 0，参保人数仅 2 人。

2. 个别集成商客户的终端客户与发行人存在关联迹象。有的终端客户同时为发行人客户，或终端客户控制的公司与发行人名称相似，且其所控制的公司也为发行人客户或供应商，商业合理性存疑。

3. 保荐人对集成商客户是否实现最终真实销售核查不到位。保荐人披露其通过访谈或获取终端销售凭据等方式核查集成商客户最终真实销售情况，但督导组发现保荐人存在未实际履行相应核查程序或核查金额不足等不到位情形。例如，保荐人披露其已执行但实际未真正执行相应核查程序对应的销售收入合计约 6700 万元；报告期内发行人对集成商客户 A 公司销

售收入约 1500 万元，针对 A 公司是否实现最终真实销售，保荐人仅访谈 A 公司的一家终端客户，涉及金额不足 1 万元。

小兵评析

IPO 审核案例中，下游客户普遍是系统集成商的情形还是比较少见的，因而审核中重点关注自然也顺理成章。当然，从销售模式的本质来说，这种集成商的客户与经销商或者贸易商有很多相似之处，对于这个案例，重要的一个焦点就是，如何论证核查集成商销售模式下收入的真实性和合理性。

对于现场督导提到的关于集成商销售的一些异常事项，有些是非常明确存在一定的风险，当然有些问题可能也可以通过商业合理的因素去解释。简单来说：

（1）重要的集成商实缴资本和社保人数的问题，在目前公司法下，一个公司的实力跟实缴资本确实没有太多关系，而社保缴纳人数是 0 也不一定代表这个公司没人，可能只是没有规范缴纳社保。此时，需要中介机构通过实地走访、观察客户经营场所等，对实际情况进行核查确认，排除疑点。

（2）有的集成商终端客户也是发行人的客户，甚至终端客户用的名号与发行人相似，IPO 实践中发行人经销商使用发行人商号的案例也很多，因而是不是有什么历史原因导致这种情况可以进一步核查。当然，这样的情形必然要关注是否存在隐瞒关联方和关联交易的情形。

（3）对于保荐机构对集成商销售最终销售的核查，审核标准并没有对终端客户的核查比例作出强制性的明确要求。当然，如果本身对于销售就存在一些疑问，那么保荐机构还是应该对销售进行充分核查，以保证最终发表的核查意见是充分的、审慎的。

四、金张科技：发行人对部分客户销售收入存在异常

发行人部分主要客户存在实缴注册资本低、缴纳社保人员规模小等情况，部分客户成立当年或次年即成为发行人重要客户，发行人新增客户收入占比较高且逐年增加。

现场督导发现，发行人对部分客户销售收入存在异常：

1. 发行人与收入相关的内部控制有效性存在明显缺陷。经检查，发行人纸质出库单的产品名称与业务系统销售出库明细表中的产品名称不一致，纸质出库单的送货地址与外部物流结算单的送货地址并非同一城市，合同约定的产品销售明细、纸质出库单明细以及业务系统销售出库明细表三者之间均不一致，以及存在无关联关系的两家客户签收人为同一自然人的异常情况。

2. 部分客户签章异常。其中，7家客户分别在不同文件中所加盖的公章或签名明显不一致。

3. 保荐人对发行人销售收入真实性核查论证方式的合理性存疑。保荐人在审核问询回复中披露，其依据发行人客户提供的增值税纳税申报表数据，论证发行人对主要客户的销售与客户业务规模、财务数据相匹配。经保荐人补充核查发现，以其取得的客户增值税纳税申报表进项税额推算客户从发行人处采购的金额，明显小于发行人对前述客户的账面销售金额。

小兵评析

通过系统性的案例分析，我们可以清晰地看到，在披露的现场督导案例中，涉及最多的关注问题就是收入确认以及财务核查相关问题。同时，我们也需要格外关注，在对IPO发行人现场督导的最终结论中，一般只会对发行人的内部控制是否规范提出疑问，质疑发行人收入确认的真实性和合理性，并不会明确认定发行人是否存在财务造假的情形。当然，这样的督导方式和发表结论的思路也是合理的，毕竟认定发行人存在系统性财务造假行为，需要充分的证据和依据，并且需要一定的权限认定。

从监管机构稽查的角度来说，认定企业财务造假，需要的证据标准非常高，既要有资金流水闭环、业务单据造假等客观证据，也要有当事人口供等主观证据，取证难度很大。监管实践中，对于很多存在舞弊迹象的，如果都按稽查标准去查实是否能认定为财务造假，对监管资源来说是不可承受的。所以，大家一般看到的财务造假，要么是金额特别巨大的恶性案件（不查不足以平民愤），要么是企业自己爆雷，线索非常明确（也就是查起来方便）。

结合以上因素，稽查部门对查处IPO阶段企业财务造假的动力不是特别强，当然也可能单纯就是性价比不高。一方面，IPO企业存在很多粉饰报表的情况，可能虚增了一些收入和利润，但金额和比例不大；另一方面，IPO企业造假通常隐蔽性更强，在其没有主动爆雷之前，要想按很高的取证标准完成取证，难度很大。因而，如果进行财务造假的稽查，可能费了很大力气，最后查出来一个与其他上市公司财务造假案件比起来很小的案件。还有一个非常重要的因素不能忽略，IPO有造假迹象的，基本被挡在资本市场门外（被否或撤回了），结果并没有产生实质风险，综合监管资源投入性价比、危害性等各种考虑，并没有对所有财务数据存在异常的IPO企业都按照财务造假的标准和要求去稽查。

具体到本案例发行人，现场督导主要是认为公司对某些客户的销售存在异常，只客观表述存在异常情形，并不对这种异常下明确的结论；是不是财务造假，是不是粉饰业绩，并不会轻易有明确结论。发行人某些客户存在的情形，并不代表收入一定存在问题，因为这些客户的异常情况在其他IPO客户中其实也同样存在，比如，实缴注册资本低、缴纳社保人员规模小、成立当年或次年即成为发行人重要客户，发行人新增客户收入占比较高且逐年增加等。这些问题，我们在已经成功上市的很多IPO案例中也会经常遇到。现场督导过程中，尽管上述异常情况不一定构成IPO实质性障碍，不过对异常情形进行核查也是现场督导最重要的工作内容和核心价值。

通过现场督导，督导组认为发行人在收入确认方面的内部控制存在重大缺陷，比如，纸质出库单与电子销售单不一致、出库单地址与物流运输地址不是一个城市、出库单明细跟销售明细不一致等。在公司实际经营中，如果公司的销售金额很大，销售的相关单据很多、很繁杂，再加上不同负责人员素质也有很大差异，某些单据偶尔出现形式上的疏漏也是很正常的事情。当然，从财务核查的角度来说，自然需要重点关注这些异常单据占整体财务数据的比例情况，是否对发行人财务数据的真实性和合理性造成重大的影响。在本案例中，根据披露的情况，其存在前述异常的收入单据占比超过99%，如此大面积异常，无论是从内控有效性还是财务真实性，都会引人质疑。至于7家客户不同文件中的盖章以及签名不一致，是不是有什么特殊情况，7家客户销售占比是多少，还是需要具体问题具体对待。如果销售规模巨大的大型客户存在此类问题，则问题就比较严重了。

保荐机构为了验证客户销售的真实性，还取得客户的增值税纳税申报表，尝试通过进项税额倒推客户向发行人采购的金额。显然，就财务核查的角度而言，这样倒推的方式只能是一种辅助核查的方式，不能作为充足的依据，毕竟客户的纳税申报表是不值得信赖的，是有很多特殊因素需要考量的。在这个案例中，保荐机构却拿来作为核心的核查手段，获得的证据作为客观的依据，经过现场督导却被证实反而是一个不利证据，确实有点做了却没有实现预期效果的感觉。

五、大汉科技：销售收入真实性存在疑问

报告期内，发行人客户数量超过 2000 个，小客户、个人客户数量较多，客户高度分散。同时，发行人报告期内第三方回款金额合计超过 2 亿元。保荐人称已对发行人第三方回款进行逐笔核对，并认为第三方回款对应的收入真实、准确。

> **小兵评析**
>
> 在 IPO 财务核查中，一直有一个非常重要的"铁三角"客观证据，核查可以帮助我们发现问题并发表核查的结论。这个"铁三角"从财务核算的角度就是合同、发票和回款。在正常的业务合作和交易中，如果这三个痕迹能够保持一致，那么这笔交易就具有真实性和合理性的基础。尤其是在以票控税且销售增值税是红线的前提下，发票和合同的匹配、对应更是值得格外关注。
>
> 当然，在 IPO 审核实践中，也会因为各种客观合理的因素导致合同主体和回款主体不一致的情形，这就是我们常见的第三方回款。在以前的审核标准中，第三方回款是要进行彻底整改和规范的，在有充足理由情况下，可以存在少量的第三方回款的情形，但是比例强制性不得超过 5%。后来注册制改革，将这个比例取消，可以允许发行人自我论证第三方回款的合理性，因而实践中也存在第三方回款比例超过 10% 甚至 20% 而成功过会的案例。

具体到本案例发行人，一些非常明显的经营和财务特征，或许是企业被启动IPO现场督导的核心因素：（1）发行人客户数量非常多，超过2000个；因为客户多，销售也非常分散。（2）发行人客户很多是个人客户或者规模很小的客户。（3）发行人存在大规模的第三方回款的情形，报告期内回款金额超过2亿元，这在已有的IPO案例中也是不多见的。

显而易见，第三方回款是对前面财务核查"铁三角"的一次中断，要想将逻辑关系重新连接上，就必须对第三方回款逐笔核对，将关系重新修复，从而最终保证收入的真实性和合理性。根据披露信息，发行人和保荐机构也确实对大规模的第三方回款逐笔进行了确认和核查，不过通过现场督导，发现还是存在一些疑问。

现场督导发现，发行人销售收入真实性存在异常：

1. 发行人部分合同客户与开票对象不一致。报告期内，发行人部分交易中，合同客户与开票对象不一致且涉及的金额较大。保荐人未关注上述异常情况，且未对上述销售收入真实性发表核查意见；在督导期间，保荐人亦未完整补充核查上述异常情况。

小兵评析

在IPO实践中，像发行人这种部分合同客户与开票对象不一致且金额较大的情形，还是非常罕见的。从某种意义上来说，这样的问题可比第三方回款问题严重得多，尤其是涉及销售的增值税发票的时候。

这个问题最少可以思考两个方面的问题：（1）在合同与发票都不能保持一致的情况下，发行人的销售收入真实性如何核查呢，"铁三角"逻辑关系断裂之后该如何修复呢？（2）销售发票是有严格的管理和要求的，要有明确的真实的实质性的商业合同和销售才能开票，发行人这种合同与开票不一致的情形，不知道是否有客观的原因和隐情，不然发票的开具可能就是不真实的、不合规的。

2. 发行人第三方回款核查与披露不完整。保荐人第三方回款统计方法设计逻辑不合理且实际执行不到位，未对银行回单实际回款方进行有效核查，导致对发行人第三方回款的核查存在遗漏；在督导期间，保荐人亦未能准确核查报告期内发行人第三方回款金额，发表的相关核查意见不准确。

> **小兵评析**
>
> 保荐人在招股书中发表明确核查意见，认为已经逐笔核查了第三方回款的内容。现场督导发现，对于第三方回款的核查存在很多问题：设计的方案逻辑不合理、不合理的方案也没有真正执行到位、执行不到位就没有对回款进行有效核查、核查存在遗漏且在现场督导期间也没有准确核查并发表明确结论。

3. 发行人董事、高级管理人员和员工向客户、居间服务商以及其他第三方转出大额资金。例如，2019—2020年，发行人副总经理甲向某客户的总经理转账约250万元。保荐人补充核查后认为，相关转账均为个人借款，但未能提供借款协议等客观证明材料。

> **小兵评析**
>
> 在现场督导的案例中，我们遇到很多案例涉及关于发行人董事、高级管理人员或者普通员工与企业的客户或者供应商存在大额资金往来的情形，并且这种情形的案例，多数都对销售收入的真实性存在疑问。前面我们也提到，关于银行流水的核查，要找到合理的客观证据而不仅仅是当事人的说辞；很多时候没有合理的解释，就说是日常的资金拆借或者借款，这也需要找到相关的客观证据才可以。客观证据，这是资金流水核查的强制性要求，也是核心的要求，如果资金流水的异常只需要一个模糊的理由解释就可以认可，那么这样的核查意义是不大的。目前监管实践中，对于异常资金流水，必须有客观证据来解释；仅有对双方当事人的访谈及其说明这些主观证据的，一律不予认可。

六、科拓股份：发行人对部分客户的销售存在异常情形

（一）发行人对 A 客户销售收入存在异常

A 客户为发行人报告期内前五大客户，发行人 2020 年对 A 客户设备销售和软件销售合计确认收入约 750 万元，毛利额约 500 万元。经查，发行人对 A 客户确认的销售收入存在异常：

1. 设备销售付款期限及回款情况异常。设备销售合同总金额约 1100 万元，付款期限长达 8 年。发行人于 2020 年确认收入约 500 万元，但实际回款金额约 100 万元。

2. 软件销售交付及回款情况异常。软件合同约定交付内容包括安装盘、技术文档等，但发行人称软件交付无物流记录或互联网传输记录。发行人于 2020 年确认收入约 250 万元，督导组进场前未回款。

> **小兵评析**
>
> 大多数经过现场督导的企业，最终都是主动撤回 IPO 申请、终止了审核。这个案例有一个比较特殊的地方，经过现场督导之后再经上市委审核却没有通过 IPO 审核。根据披露的上市委的审核意见，这个 A 客户应该是中青汇杰。涉及的具体问题是：发行人子公司福建速泊与中青汇杰签订有运营管理、设备销售及软件销售三份合同。发行人 BI 系统合同

> 台账中显示取消的运营管理合同，未见合同终止执行或变更的相关书面文件；设备销售合同总金额为1080万元，付款期限为8年，发行人于2020年以现值金额确认收入501万元，截至督导组离场，该合同累计回款金额为100万元；发行人与中青汇杰的软件销售合同内容与运营管理服务相同，约定交付内容包括安装盘、技术文档和测试报告等，但软件交付无物流记录或其他支持性证据，发行人于2020年确认收入245万元，无对应成本。
>
> 这种问题怎么说呢？如果认定是造假，那么这样的特征也完全符合财务造假的特征；如果业务是真实的，那么实践中也有合理的商业理由，但是需要找到更多的证据去推翻怀疑。至少从披露的信息以及现场督导组发现的证据来看，显然督导组的证据更充分，结论也更加让我们信赖。当然，发行人是否还有一些没有披露的信息，中介机构也可以进一步深入核查，我们不得而知。

（二）发行人对 B 客户销售收入存在异常

2020 年 12 月，发行人确认对 B 客户的广告收入约 450 万元，毛利额约 400 万元，毛利率约为 90%。经查，发行人对 B 客户的销售收入存在异常：

1. B 客户自身情况异常。B 客户成立于 2016 年，历史经营范围为国内贸易等，2018 年 11 月将经营范围变更为广告业务，参保人数 0 人。

2. 合同约定内容异常。发行人与 B 客户签订合同中均未约定广告推送内容，而发行人与其他广告客户均在合同中明确约定广告发布内容。

3. 广告推送记录异常。发行人发布广告的微信公众号均已删除相关的广告内容。

小兵评析

　　这个案例这部分重点关注的情形也是 IPO 审核的时候第二个关注的问题，涉及的客户是深圳义德。发行人于 2020 年 12 月确认对深圳义德的广告收入为 452.83 万元，相关毛利额为 408.80 万元。深圳义德于 2018 年 11 月将其经营范围由国内贸易变更为广告业务，参保人数为 0 人；发行人与其签订的合同、结算单中均未约定广告推送内容，该情形与发行人其他广告客户的合同约定内容不一致；发行人发布广告的微信公众号均已删除相关广告内容。

　　IPO 审核中，对于某一类特殊的业务实现的收入格外关注，除了这个案例提到的广告服务收入，还包括常见的技术服务收入、研发合作收入等。这类业务收入有着非常典型的特征：发生有一定的偶然性、毛利率很高、客户不稳定、交付内容不明确不容易核查等。这种类型的业务，在 IPO 审核实践中是比较敏感且比较尴尬的，只要存在类似的业务，审核中必然重点关注，有时候发行人要自我证明业务的真实性也需要很大的努力。当然，这类问题审核中之所以重点关注，最直接的原因就是这类业务也的确更容易虚构业绩。此类业务属于提供服务，相比销售具有实物形态的商品，没有货物流支撑，追溯其是否真实提供服务，难度更大，而造假更简单。

（三）发行人实际控制人及相关方大额资金流向存疑

　　现场督导发现，报告期内发行人实际控制人及其近亲属均存在大额对外转账或大额取现资金流向存疑的情形，合计金额约 1500 万元，保荐人未对相关资金异常事项是否构成体外资金循环进行核查并发表明确意见。

小兵评析

　　前面分析已经提到，如果发行人存在财务造假或者体外垫付成本费用的情形和可能，那么必然存在实际控制人或者相关人员大额的异常资金往来，这也是我们目前 IPO 财务核查一定要核查银行流水的意义所在。如果发行人存在可能的财务造假行为，那么实际控制人大额银行流水就是佐证。如果发行人要解释财务数据没问题经得起考验就需要对银行流水情况作充分的解释和核查，并且要比其他人更加努力才可以，对于银行流水核查的广度和深度要有更强的说服力。

七、穗晶光电：未对发行人积压品销售相关异常情形保持充分关注并进行审慎核查

发行人 2020 年积压品（灯珠）销售收入为 2353.19 万元，其中对东莞市钰晟电子科技有限公司、深圳市海宸兴科技有限公司、深圳市澳迪星电子有限公司 3 家客户的积压品销售收入合计 1397.56 万元。

现场检查发现，发行人关于积压品销售收入、毛利率等信息披露不准确，披露情况与实际情况不符。具体如下：

1. 发行人 2020 年向 3 家客户销售的积压品收入实际为 2164.29 万元，与其披露的 1397.56 万元不符。相关积压品生产时间为 2013 年至 2019 年，与同行业可比公司对库龄较长的积压品处置情况存在较大差异；相关销售均价显著高于向其他客户销售的积压品均价，也高于当年发行人非积压品销售均价；其中存在单据异常的订单金额合计 2042.51 万元。

2. 报告期内发行人向 3 家客户销售积压品收入快速增长，其在审核问询回复中解释原因为 2020 年下半年行业临时性产能不足而相关业务需求旺盛。经查，2020 年下半年未出现明显的灯珠供应短缺情形，上述披露原因与行业实际情况不符。

3. 发行人在审核问询回复中称向 3 家客户销售积压品毛利率分别为 6.55%、8.23%、13.19%，经查，实际毛利率应为 29.98%、23.96%、38.46%。

小兵评析

关于积压商品的形成以及后续的处置，在实践中属于非常普遍、经常见到的一个事项，从会计处理本身来说，这个积压产品销售的情形处理起来也有明确的规则，不存在重大的争议。就本案例而言，只是现场督导发现了很多异常的情形，发行人因而有通过积压品销售从而去突击确认收入进而粉饰业绩的嫌疑。根据审核动态的披露，现场督导发现，发行人2020年对3家客户约2000万元销售收入存在异常，占当期3家客户全部销售收入的比例约为70%。异常的情形主要有以下方面，小兵这里简单总结一下：

1. 实际销售2000多万元，而只是披露了不到1400万元，那么真正计入收入的是哪个数据呢？如果实际确认收入的也是1400万元，也就很可能纯粹是核算准确性问题。

2. 积压产品的销售单价远高于同行业可比公司的价格，甚至都高于发行人自己非积压产品的价格。如果说因为短期内市场供不应求积压品也有客户需要，价格短期内提高还可以理解，而同一期间积压品销售价格比非积压品价格还高，再去充分解释合理性就有些困难了。

3. 现场督导对于行业情况也做了核查，认为发行人解释的所谓行业短期内产品短缺供不应求的情形是不存在的；中介机构对于某些异常事项没有充分论证，主要依赖发行人自我的解释随便找个逻辑发表核查意见的情况也很普遍。

4. 发行人披露积压品销售毛利率为10%左右，而现场督导发现实际的毛利率超过30%，存在重大差异。这里也有疑问，发行人在财务报表里计算损益的时候，到底是按照10%的毛利率还是按照30%的毛利率呢？如果是按照10%的毛利率，那还"少记利润"了。当然，如果本身这3家客户的销售就存在疑问，甚至就是为了配合销售，那么不管多少毛利率多少利润都是不应该的。

上述情形是通过案例发现的明显的异常情况，而现场督导针对上述异常情形也发现了很多确凿的证据：

1. 发行人相关销售流程单据存在异常。发行人相关销售订单、送货单、对账单之间存在明显差异，对应派车单的累计出货数量与对账单记载的订单数量不一致；相关异常订单在规格型号描述、订单格式等方面，与正常订单相比明显不同；发行人对接3家客户的销售人员，无法提供相关订单沟通记录。

2. 发行人前述销售的产品为2013—2019年的积压库存商品，与其所在行业更新换代较快的特征不符。督导组访谈同行业可比上市公司获悉，一般库龄超过1年的积压商品会作为废品处置。

根据督导组发现的证据，结合行业惯例以及3家客户订单的异常情况综合判断，我们有理由怀疑，发行人为了业绩稳定或者增长的趋势，可能临时找了几个客户，将一些积压品突击进行了销售。

八、亚洲渔港：发行人对部分客户的销售存在异常

发行人报告期内与自然人甲合作设立子公司 B 公司，发行人持股比例为 51%、甲持股比例为 49%。B 公司实际由甲担任总经理，负责日常经营管理，主要利用甲原有的行业资源拓展客户。B 公司营业收入约占发行人各期营业收入的 15%。

现场督导发现，B 公司对部分客户的销售存在异常：

1. 部分销售回款存在资金闭环。B 公司曾向其总经理甲拆借资金用于日常经营，甲在收到 B 公司归还的借款后，当日向 B 公司客户 C、D 转账，客户 C、D 收到款项后当日将相同金额以支付货款的形式转回 B 公司。

2. 甲与 B 公司部分客户资金往来密切。甲银行账户资金流水显示，报告期内其与 B 公司部分客户的实际经营者之间资金往来频繁，合计金额约为 2100 万元。同时，甲为客户 C 对 B 公司的欠款提供担保。

3. B 公司存在多个客户收货地址相同或相近的异常情形。根据 B 公司采购及销售系统记录的客户收货地址，其有 70 余个客户收货地址相同或者相近。

小兵评析

尽管督导案例中没有披露合资公司的具体名称和信息，不过根据招股书以及其他公开信息，我们可以知晓，合资公司就是"海燕号"。发行

人与自然人合资成立的"海燕号",是向发行人提供初加工业务的重要子公司。"海燕号"、"海燕号"负责人与客户三方之间存在大额资金往来,部分资金从"海燕号"流出后通过客户流回"海燕号";"海燕号"收入确认及采购入库原始凭证大量缺失;不同客户的收货地址集中于"海燕号"负责人经营业务所在的维尔康市场,而客户实际经营地址遍布全国各地。

我们综合一下现场督导披露的相关信息以及公开披露的一些资料,结合起来判断,发行人与这个合资公司交易是存在重大疑问的。从这个角度来说,不知道中介机构有没有发现这些问题,如果发现了还继续申报IPO,则说明中介机构的内控存在一些瑕疵。如果没有发现,而现场督导却发现了这些问题,则说明保荐机构的工作是完全不到位的。从单纯的IPO审核条件的角度来说,这个IPO不论是否经历现场督导都没有任何通过审核的可能,不过现场督导还是通过抽丝剥茧的方式,告诉我们在IPO中,发行人财务造假的方式有多么简单粗暴,并且公司实际控制人以及相关人员可能随时都有财务造假的冲动。

这个案例与已经成功上市的慧辰股份(已经被证监会行政处罚)的财务造假案例属于一类模式:报告期内通过收购子公司,子公司可能因为收购存在业绩承诺,具有很强的造假动机,发行人可能为了自身利益,对子公司这种造假可能是睁一只眼闭一只眼,毕竟造假行为刺破后反而对自己不利。

现在需要特别关注发行人报告期内收购子公司的问题:一是收购对价公允性,是否通过非公允收购对外转移资金到体外,形成大额商誉,很容易上市后爆雷。二是子公司业绩真实性,特别是子公司有业绩承诺时。这里面还有一类特殊情况,如慧辰股份,IPO阶段先收购48%不并表,上市后再收购20%多股权实现并表。IPO阶段因为不并表,中介机构和监管部门对参股公司业绩真实性都关注不够(现场督导都没有发现业绩造假的问题，从而让慧辰股份蒙混过关）。实际的情况是，发行人持股48%的子公司，对于这类股权投资，需要按权益法核算，参股公司的利润发行人可以将其确认为投资收益，其间接体现为公司自身的利润。

关于财务数据存在疑问的证据，简单总结如下：

1. 销售回款资金存在闭环。说白了，客户的回款其实就是发行人合资公司的合资方的资金或者发行人关联方的资金。单就这一条，企业存在造假的可能性就很大。

2. 合资方与合资公司的客户存在频繁的大额的资金往来。

3. 合资公司收货地址基本上都集中在合资方甲经营的一个市场，而客户注册地址遍布全国各地。

4. 合资公司采购入库和收入确认的原始凭证大规模缺失，其实可能就是没有，本来就是假的，怎么可能会有完善的凭证。当然，就算是虚构或者造假，要伪造完整的财务凭证也不是什么难事，只是这个案例中或许都不想"装"了。

九、征图新视：销售真实性存在异常

科创板发行人的主要产品为检测设备，发行人于2020年10—11月与A公司及其指定主体签署约2500万元的设备销售合同，并于当年11—12月向A公司交付设备并确认收入。审核发现，A公司于2020年成立，当年即成为发行人第二大客户，注册地址与发行人经营地址相近，双方约定互为该类检测设备的唯一客户和供应商，且相关销售存在合同签订时间与验收时点接近、集中验收时间为年末、验收地点在发行人处、期后回款比例明显低于其他客户平均回款比例等情况。扣除对A公司2020年的销售收入后，发行人存在最近一年营业收入"压线"科创属性评价指标的情况。审核重点关注发行人对A公司的销售真实性、收入截止性问题。

> **小兵评析**
>
> 这个督导案例其实始终围绕一个核心主题，即针对发行人对下游一个客户在2020年年末收入真实性和合理性的关注和核查。我们分析这个案例，可以更好地借鉴和学习，思考如何识别、核查、论证是否存在财务造假的"三段论"式的逻辑和手段。
>
> 具体到本案例，督导组首先发现了发行人对客户销售并确认收入异常的情形，然后通过核查手段寻找可能构成收入造假的依据和凭证，最终目标是通过分析论证发行人可能构成财务造假的结论（当然，最后这一步在这个案例中并没有明确，这也是现场督导案例和现场检查案例的常规操作）。

发行人对客户销售存在异常的一些表象特征，从而引起收入真实性的质疑，这些特征包括：

1. 客户是 2020 年成立的，成立当年就成为发行人的第二大客户。

2. 发行人与客户的销售和收入确认都是在 2020 年年末，10—11 月签署合同，11—12 月就确认了收入。

3. 客户注册地址与发行人相近，且互相约定是唯一的客户和供应商。

4. 设备验收时间与签订时间接近，这有可能是合同倒签或者其他原因所致，可以理解。不过，验收时间很集中且均集中在年末，那就是重大怀疑事项。验收地点就在发行人处，客户着急订购设备却不着急使用，商业逻辑说不通，有理由怀疑设备根本就没有出库，因而收入存在真实性的瑕疵。

5. 期后回款比例明显低于其他客户。

针对上述审核重点关注事项，现场督导深入分析发行人业务特征和交易特点：

1. A 公司采购检测设备并非自用，而是向终端客户销售。

2. A 公司采购该批检测设备的商业目的系用于检测特定行业的专用产品，且该专用产品的检测需适用新版强制性国家标准（以下简称新版国标），双方交易过程中主管部门未发布新版国标和检测设备供应商名录。

3. A 公司根据其预测的新版国标发布时间和推广节奏提前采购，并推测主管部门可能采用列装（指产品列入主管部门的装备序列，主管部门及其下属单位向取得列装合作资质的供应商进行采购）的方式采购相关检测设备，据此制订批量采购计划。

小兵评析

如果在督导检查过程中发现异常的事项以及背后可能隐藏的问题，就需要进一步分析这些事项背后的逻辑和因素，这是 IPO 现场督导最大的目标，也是职责所在。根据上面提到的异常特征，督导组进一步核查发现：

1. 客户并非最终客户，自己并不使用这些设备。

2. 客户采购的设备适用国家新规，而设备采购的时候国家新规并没有颁布，采购的必要性不足。

针对上述两个通过督导进一步发现的特征，发行人可以有理由解释：客户不是最终客户没问题，这个规则自然允许。因为考虑过国家新规颁布之后采购价格以及购货周期的问题，通过预判提前采购设备也完全符合商业逻辑。

因而，下一步工作才是最关键的，那就是督导组要通过各种督导手段，去寻找和发现充分的证据和依据，从而去论证发行人作出的各种解释是站不住脚的，是不符合基本的商业逻辑的。

现场督导聚焦发行上市条件和信息披露要求，通过查阅保荐工作底稿、现场询问访谈、核对发行人原始业务单据、要求保荐人补充核查等方式，发现保荐人未审慎核查发行人对 A 公司的收入确认的合规性，具体表现为以下三个方面：

1. 年末集中采购的商业合理性方面。从采购时点来看，A 公司提前采购主要基于对新版国标发布时间和推广节奏的预测，但督导发现发行人检测设备的备货生产周期显著短于 A 公司预测的新版国标推广所需时间。从采购量来看，A 公司集中批量采购主要基于对产品可能采取列装方式的预测，但督导发现发行人的检测设备尚未进入列装相关审批流程，且 A 公司销售的同行业其他产品均未采用列装方式对外销售。从终端销售情况来看，A 公司与下游客户达成的合作意向均为口头意向，无其他证明材料，A 公司于 2020 年年末集中采购的检测设备在后期近一年时间内未销售出库。保荐人核查 A 公司年末集中采购的依据主要为对 A 公司的访谈记录，未充分核查 A 公司对新版国标修订进展的预测依据、能够采用列装模式的依据以及采购量的具体测算过程，进而未能充分说明 A 公司在新版国标尚未发布、产品销售模式尚无依据的情况下提前大额采购的商业合理性。

2. 合同履约义务的识别方面。2020 年 11 月，发行人与 A 公司在设备销售合同的基础上进一步签订了 350 万元的补充协议，补充协议的内容是为满足新版国标要求而增加的设备模块升级。2020 年 12 月，A 公司针对设备和模块升级同时进行验收，发行人据此确认了设备销售合同收入，但因新版国标尚未发布、补充协议相关合同义务尚未全部完成，未确认补充协议收入。对于基于同一商业目的订立的两份合同，保荐人未充分说明设备模块升级对该商业目的下的设备功能是否会产生重大影响、补充协议服务内容与设备销售合同相关承诺是否可单独区分，未充分核查补充协议相关义务尚未全部完成对于检测设备销售收入确认时点的影响。

3. 物流发货和产品交付方面。保荐工作底稿中的物流账单显示，2020 年年末，发行人销售给 A 公司约 40% 的设备未运送至 A 公司处，而运送至临时仓库，直至次年 1 月才运至 A 公司，且相关转运费用由发行人承担，物流公司名称与发行人名称相近。保荐人未关注到前述物流异常情况，未充分核查 2020 年年末 A 公司要求变更运输场地的合理性，仅于现场督导期间补充取得了 A 公司出具的运输场地变更说明。

小兵评析

根据相关法规的规定和要求，目前，IPO 现场督导主要就是对保荐机构执业质量的督导，因而经过核查，督导组主要认定是保荐机构没有审慎核查发行人收入的合规性。其实，从另外一个角度来说，这个内容更多就是在描述发行人可能存在的收入确认不谨慎甚至存在业绩造假的情形。督导组主要从三个角度找到了发行人可能财务造假的"实锤"：

1. 客户设备采购周期明显短于新版国标推广时间，且客户向最终客户的销售只有一个口头协议；从事后验证来看，发行人产品销售之后一年多都没有出库，显然不符合常理。保荐机构只是通过对客户的访谈确认销售的真实性，对异常的事项没有充分核实验证。

2. 督导信息披露的第二点，对于收入真实性的影响偏弱，但是可以佐证商业合理性，客户产品销售之后签订了一个补充协议，是模块升级的业务350万元；当然，因为新版国标没有发布，所以没有确认收入。这一点，小兵倒觉得发行人没有太多问题。

3. 根据常规的判断和以往的案例，物流信息是保证财务数据真实性非常重要的依据，而根据最近分析的一些案例，目前物流的客观性和真实性也多次被击穿。具体到本案例，40%的货物在2020年12月只是运输到了临时仓库，来年再运输到客户那里，是为了年底确认收入才做的吗？物流公司与发行人名称接近，难道不是专业的物流公司来运输吗？更加要注意的是，根据公司的真实情况，发行人的相关产品其实都没有实际出库，因而验证物流信息根本不值得信赖。

十、谷麦光电：发行人 2021 年新增业务的销售真实性存疑

发行人主要产品一直为光电显示领域电子元器件，2021 年新增液晶显示模组业务，当年收入即达 8700 万元，占比为 12%，该业务主要客户为 B 公司。

发行人对 B 公司的销售主要通过 C 公司运输。发行人提供的 C 公司物流对账单显示，相关货物均从甲地发往乙地。

现场督导发现，发行人对 B 公司新增业务的销售真实性存疑：

1. 销售物流真实性存疑。督导组访谈发现，B 公司主要在丙地接收发行人货物，与物流对账单收货地址明显不符；C 公司无"甲地至乙地"的物流线路，且未承接过发行人前述物流业务；相关物流对账单缺少重量、件数等核心字段，且样式存在明显异常。

2. 发行人与 B 公司交易的真实性存疑。在发行人为 B 公司生产的产品中，部分产品无对应的物料清单，部分物料清单系督导组进场后创建；发行人从 B 公司收到的部分销售回款与发行人对 B 公司支付的采购付款，在收款时间、金额方面高度匹配。

3. 发行人相关方资金流水存在异常。报告期内，四名担任发行人董事、监事的重要股东集中出让股权，股权转让款去向存疑，保荐人未对股权转让款最终流向、是否存在体外资金循环等进行充分核查。

小兵评析

前面案例分析中，我们提到过关于IPO财务核查的"铁三角"证据，这里再简单分析一下。在财务核查的实践中，判断一笔交易的真实性有三个核心的维度：物流、资金流和凭证流。对于财务核查来说，资金流是基本的保证，一般都会全力满足，而凭证资料有时候是可以内部决策甚至外部配合的，物流一直是我们认为的相对客观公正的外部证据。任何真实的交易都应该有物流的凭证，任何物流存在疑问的交易都应该审慎核查。

关于物流凭证，主要就是关注物流单据、发货凭证、签收单据等。通过这个案例，我们发现了一个现实：如果有物流公司的配合，那么物流凭证造假根本没有任何难度，更没有什么心理负担。对于物流公司尤其是小的物流公司来说，只要有收益，那么制作出怎样的物流单据都没问题。仔细想想，这个问题倒也很有意思：从财务核查角度，物流单据是重要的外部证据，而对于物流公司来说，不过是成本几毛钱的物料而已。其实财务核查，很多问题也是如此。

十一、北交所某案例：保荐机构对 B 公司向境外贸易商销售真实性的函证程序执行不规范

B 公司境外客户以贸易商为主，报告期各期前五大境外贸易商客户变动较大，部分主要贸易商客户在报告期内新成立，保荐机构主要通过函证和视频访谈的形式对境外销售真实性进行核查。审核中关注 B 公司向境外贸易商销售真实性，保荐机构对 B 公司向境外贸易商销售真实性的核查是否充分。

> **小兵评析**
>
> 小兵一直讲，北交所要想实现与沪深交易所目前格局的差异化竞争，要有几个基本的前提和底线：（1）对发行人的业务模式和经营业绩可以适当降低标准，对于某些创新性问题可以更加宽容。（2）对于发行人的技术水平、所处行业、竞争优势，尤其是对于未来的发展趋势应该有更加专业和精准的判断。（3）对于发行人规范运行、内部控制、财务核查等方面的要求，不能比沪深 IPO 的要求低，甚至还要更高。企业处于相对更加早期的阶段，应该有更多的规矩和要求。
>
> 小兵研究了最近的一些北交所 IPO 案例，且不说北交所 IPO 的门槛以及企业自身的主营业务和经营业绩情况，单单去分析审核机构对于审核要点的把握和要求，以及中介机构对于 IPO 相关核查和发表意见的履

职尽责程度，个人的感觉是：与沪深交易所还有一定差距，而这可能成为阻碍北交所进一步健康迅速发展的重要因素之一。

关于这个北交所现场督导案例，且不说发行人是否存在财务造假、虚构业绩或者其他的严重情形，就说披露信息中提到的关于函证、存货盘点等问题，作为IPO中介机构核查的基本功，还是要做到位、做扎实的。千万不要有一种误解：北交所IPO是更小的IPO，更加宽松的IPO，是可以用更小的力气和成本，只需要进行马马虎虎的核查就可以完成任务的。

发行人销售以境外贸易商为主，这样的业务模式本身在IPO审核中就是重点关注的问题，要关注客户的真实性和销售的合理性。此外，发行人报告期内贸易商变动较大，且有些贸易商是新成立的，或许这也是这个项目被启动现场督导的重要原因。

保荐机构主要通过函证和视频访谈的方式对境外客户进行核查。就核查有效性的角度而言，结合这几年特殊的政策以及北交所IPO的一些宽容措施，要求保荐机构对境外贸易商进行大规模实地走访是不现实的，如果将函证和视频访谈充分执行到位，个人觉得对于北交所也是可以接受的。当然，如果连这些基本的核查手段都没有做好，就是另外一个问题了，如本案例。

这里还可以思考一个问题：北交所IPO会借鉴沪深交易所，要求发行人或者保荐机构聘请国内或当地独立第三方机构对境外客户进行实地走访吗？

现场督导发现，保荐机构对B公司向境外贸易商销售真实性的函证程序执行不规范，未能支撑其有关收入确认真实、准确、完整的结论：

1. 部分函证设计存在缺陷。如在函证主要境外贸易商的期末库存及终端销售实现情况时，保荐机构函证未清楚列明函询库存的截止日期，部分贸易商以收函日为截止日回复期末库存，导致申报材料中披露了部分贸易商期末存货为 0 的错误信息。

2. 未控制函证过程。如保荐机构对贸易商的部分函证由 B 公司直接发函并接收后，再转交给保荐机构。

3. 对回函分析执行不到位。针对回函内容与 B 公司财务数据存在明显矛盾的回函，保荐机构未履行进一步核查程序。如申报文件及保荐工作底稿显示，C 公司系 B 公司 2020 年第三大客户。但回函显示，B 公司对 C 公司的销售发生在 2021 年，与实际不符。

小兵评析

　　函证应该是 IPO 财务核查中最有效、最便捷的一种核查手段，因而也是所有 IPO 项目财务核查的标配。具体到本案例，发行人对于函证的一些执行方面的瑕疵，有些问题还是很普遍的，很多案例都会遇到。比如，对于异常回函没有格外关注且进行复核等。不过，关于函证设计和执行方面的问题，算是基本的操作和技能问题，发生错误着实不应该。尤其是，还能发生发行人直接发函然后转交保荐机构这种低级的错误，这体现出保荐机构的内控也存在重大缺陷。

第二节　涉嫌提前或推迟确认收入

一、蓝然科技：涉嫌提前确认收入以及推迟确认收入

（一）发行人涉嫌提前确认收入

2021 年 12 月底，发行人确认对 A 公司（当年第一大客户）某项目 5000 余万元的收入，占发行人全年收入约为 22%。

现场督导发现，发行人涉嫌将对 A 公司上述项目 2022 年的收入提前至 2021 年确认：

1. 发行人依据 A 公司 2021 年年底验收通过的工程项目验收单确认收入，但发行人 OA 系统相关工作资料显示，截至 2021 年年底，该项目未达到可验收标准，仍处于调试阶段；项目营销资料备注为"配合验收，实际未验收"。

2. 发行人与 A 公司的销售合同约定，验收合格后次月 A 公司即应支付设备结算款，但 A 公司迟至 2022 年 3 月才开始付款。

3. 发行人内部制度规定，验收交付后的项目由售后部门负责跟踪服务，但发行人 OA 系统相关记录显示，该项目直至 2022 年 5 月才由工程技术部移交至售后服务部。

（二）发行人涉嫌推迟确认收入

发行人作为分包商，为 B 上市公司（2020 年第一大客户）某项目提供专业设备及安装调试服务，发行人于 2020 年 8 月确认对 B 公司近 4000 万元的项目收入。

现场督导发现，发行人涉嫌将对 B 公司上述项目应当于 2018 年确认的收入推迟至 2020 年确认：

1. 发行人已于 2018 年取得 B 公司出具的项目验收单，显示 2018 年 12 月该项目验收通过，且发行人 OA 系统显示，验收后项目进度变更为"保障运行"。

2. 发行人该项目主要材料出库时间均在 2018 年。

3. B 公司 2018 年年报披露，该项目已于当年整体完成验收，进入试运行阶段。

经保荐人补充核查并测算，对涉嫌跨期的收入进行调整后，发行人 2020 年、2021 年两年净利润累计约为 3000 万元，低于其申报选择的上市标准。

小兵评析

对于企业 IPO 上市来说，无论政策怎么改变，也不论标准怎么调整，企业的经营利润都是最核心、最重要的考核指标。审核机构很清楚这一点，发行人和中介机构更清楚。

从 IPO 审核实践的角度来说，对于发行人的经营业绩的考察有且只有一个三年一期的报告期，并且最重要的是报告期最后一年的财务数据，我们常常提到的 IPO 隐形门槛也是针对报告期最后一年来说的。基于上述两个因素，IPO 实践中跨期进行收入确认和调整的事情不说每家都有，至少是比比皆是。最常见的就是：把报告期外的利润确认到报告期内，把未来的利润确认到现在，把前一年的利润推迟确认到报告期最后一年等。

针对上述情形，会计审计和财务核查最有效也是实践中必须要做的就是截止性测试。遗憾的是，很多时候截止性测试是走形式，就算是真想彻底进行核查，由于核查手段、证据取得、外部配合等因素，也很难做到核查到位。因为跨期调整相对比较隐蔽，财务核查发现真正本质的问题并不容易。另外，这种跨期调整收入的操作方式，毕竟还是"肉烂在锅里"，并不是赤裸裸的财务造假行为，并不是从无到有而是拆东墙补西墙，性质没有那么严重，因而企业愿意这样去做，中介机构很多时候也会放松警惕。

具体到本案例发行人，简直就是这种跨期调整、确认收入的非常经典的案例：

1. 提前确认收入，把2022年的收入提前确认到2021年，没有验收而先让客户配合出验收单据。

2. 延迟确认收入，把2018年（报告期外）的收入延迟确认到2020年，甚至为了这样操作，还把原来确认的收入冲减了，然后重新在2020年确认收入。

3. 前面提到，这种跨周期调整收入的情形很普遍，只要性质不是很严重，也可以有条件接受。具体到本案例，情形则严重得多，不只发行人推迟和提前确认收入的金额和占比很高；如果不这样调整，发行人2020年和2021年的净利润水平根本就不符合IPO的上市标准，连最低的标准都不符合。这样的话，性质就完全变了。任何一个问题，如果影响到对IPO上市条件的判断，就不再是一个简单的瑕疵或者可以容忍的问题这么简单了。

从上述分析我们也可以看出，如果发行人能够提供客户验收单据、客户回款记录、相应的记账凭证和合作协议，那么发行人确认收入就是没有问题的。同时，因为各种因素，中介机构更多时候也是依赖发行人提供的资料而不是主动进行更加细致的核查，从而实践中会出现很多"漏网之鱼"。

这个案例再一次体现了现场督导的威力，当然，也更加体现了督导人员的火眼金睛和尽职尽责。IPO审核因为制度设计的因素，审核机构单纯是书面审核，根本发现不了这个问题；现场督导如果没有非常敏感的发现力和责任心，也很难发现OA系统的一些差异。因而，从这个案例我们得知：现场督导可以有效弥补书面审核的天然性不足，同时可以对发行人粉饰业绩的行为提供有效的"实锤"证据。

当然，你可能也会问，既然督导组能发现问题，发行人、中介机构就没有发现吗？OA系统明确标注"配合验收，实际未验收"，就是这种看起来赤裸裸的操作和证据，竟然都没有发现，也确实有点奇怪。IPO监管机构已经越来越感到IPO书面审核的局限性，未来可能会进一步提高现场督导的范围和力度。

二、咏声动漫：发行人收入确认的时点不准确

发行人披露动漫电视电影的收入确认时点为，在完成摄制经主管部门审查通过并取得相关许可证后，合同已约定上线时间的，在有关介质转移给客户或约定上线时点孰晚确认收入。2020年12月底发行人确认了对捷成华视销售动漫产品的收入。

现场督导发现，发行人收入确认时点准确性方面存在以下异常情况：

1. 发行人提交给捷成华视的上线通知书未载明具体上线时间。发行人销售甲动漫产品的上线通知书样式特殊、内容简单、未约定具体上线时间，与发行人提交给其他客户的上线通知书存在明显差异。截至2021年1月底，甲动漫产品未在电视台或视频网站上线。

2. 发行人与捷成华视关于甲动漫产品销售存在明显刻意安排痕迹。根据往来邮件，2020年12月17日，发行人在未签订合同的情况下，即向捷成华视发送甲动漫产品上线通知书。在正式签署"抽屉协议"后，发行人向捷成华视发送介质和上线通知书，捷成华视当天立即回复邮件确认收到介质并确认收入。

3. 捷成华视未按合同约定及时回款。根据合同，捷成华视应在完成签收确认15日内付款，但截至2021年1月底，捷成华视未向发行人回款。

小兵评析

　　这个问题其实是本案例现场督导第一个问题的延续，第一个问题已经明确对于这笔收入的真实性存在重大疑问，那么从收入确认的时点以及准确性方面必然也经不起严格的核查。从这个角度来说，督导组要想在现场督导过程中获得相关的资料证据，并不是一件很困难的事情：

　　1. 发行人是动漫作品销售，要在取得许可证之后，与客户约定上线时间再确认收入。

　　2. 发行人这笔销售合同中没有任何约定，就算发行人已经确认收入，第二年这个动漫作品仍旧没有上线播放。

　　3. 动漫作品过了一年都没播放，客户在前一年年底还没有签署作品销售合同，而发行人却向客户发送了上线通知书。

　　4. 签署了"抽屉协议"之后，发行人向客户发送介质和上线通知书，而客户当天就邮件回复确认，这显然属于重大异常事项。

第三节 境外销售收入的真实性存疑

一、嘉禾生物：发行人对美国客户销售收入真实性存疑

报告期内，发行人美国全资孙公司甲公司的销售收入分别为 18,141.94 万元、23,290.63 万元和 28,687.71 万元，占发行人主营业务收入比例分别为 14.28%、12.75% 和 14.43%，销售收入真实性存疑。第一，发行人美国主要客户的独立性、真实性存疑。L 某是甲公司的首席执行官、总裁和唯一董事，与发行人美国主要客户之间存在持股、任职等关系。第二，发行人美国主要客户的销售物流存疑。甲公司向美国主要客户的销售大多数为客户自提，但大部分无法提供物流提货单，且采购和销售订单的商品明细数量不符。甲公司向客户 A、客户 B 的销售除客户自提之外，部分由甲公司负责发货，且收货地址为甲公司仓库，但客户 A、客户 B 未租赁甲公司仓库，前述销售疑似未出库。第三，发行人美国主要客户的销售回款存疑。例如，客户 A 通过信用卡向甲公司回款，无法核实还款来源；客户 B、客户 C 回款的支票签字人为 L 某。

> **小兵评析**
>
> 小兵多次说过，在 IPO 财务核查方面，境外销售一直是一个重点和难点，如果收入主要来自境外再加上经销商（贸易商）模式，那么财务核查的要求就进一步提高。鉴于境外销售模式的特殊性以及核查的难点，

这里单独作为一部分来跟大家分析介绍。

在境外销售模式下，公司很容易出现财务造假的情形，毕竟利用境外客户和经销商压货可以更加隐蔽地虚构业绩。因为财务造假有很强的隐蔽性，财务核查自然也不容易。在境外客户核查难度本身较大且经销商十分分散的情况下，如何进行充分有效的核查成为一个看起来"几乎不可能完成"的任务。

在以前的IPO审核要求中，对境外客户的核查其实与对境内客户并没有本质差别，只是因为境外销售函证的核查方式存在很多限制的情形，对于客户的实地走访的核查要求更高。当然，实践中境外客户的走访核查时间跨度大，人工成本和资金成本更高，因而可能会在核查比例的要求方面稍微放松，也可以对一些非重要的客户将走访境内办事处的方式作为替代程序。不管怎样，对于境外销售的核查，一个基本原则还是要把握：前十大客户没有特殊情况必须实地走访核查，客户核查的比例一般不会低于50%，如果存在经销商模式，那么对于经销商最终销售的核查也需要进行，需要对经销商的进销存进行实地走访、访谈、核查最终用户等。

当然，上述的核查标准和要求也会有一些例外，这是因为一些特殊因素的影响。以境外客户的核查为例，因为签证或者其他原因，人根本无法出去，那怎么能实地走访和核查？标准的核查方式无法实现，就需要替代措施，最典型的就是视频访谈方式以及聘请合作的境外独立第三方机构进行相应的财务核查，包括存货盘点、函证、合规问题确认、出具证明文件等，当然也包括实地走访。

关于视频访谈，小兵多次强调，可以作为未来一种普遍的常规的客户或供应商访谈的程序，简洁且高效，并且目前的视频技术和互联网水平也能够保证视频访谈的真实性和有效性。当然，技术是成熟了，但是我们实践中操作是否到位，是否完全保证视频访谈是值得信赖的，其实还是有很多问题。比如，在某些案例中，视频经过了一定的编辑、没有确认视频访谈的地理位置和IP地址、没有通过多重方式来验证被访谈人的身份，甚至很多视频访谈就是为了敷衍核查要求，满足一个比例而已。此外，视频访谈也出现了新的挑战，要防止AI技术出现对于视频访谈可靠性的冲击，AI换脸、换声音都到了以假乱真、无法识别的地步。在新的形势下，这就要求中介机构在视频访谈时格外注意，特别是对于高敏感客户供应商。

除了视频访谈，对于聘请第三方独立机构协助调查的方式有着更大的争议。最典型的问题，如独立机构的核查资质和经验是否能够保证完成核查，核查的独立性如何能够得到保证，核查的相关数据境内机构如何使用并做好对接，独立机构的责任如何划分，等等。

《保荐人尽职调查工作准则》和中国证券业协会的《证券公司保荐业务规则》都明确了外聘第三方的要求。具体而言：保荐人在尽职调查工作中选聘审计、资产评估、法律顾问、财务顾问、咨询顾问等第三方提供与尽职调查有关的服务的，保荐人应恪守独立履责、勤勉尽责义务，根据法律规定和客观需要合理使用第三方服务，不得将法定职责予以外包，保荐人依法应当承担的责任不因聘请第三方而减轻或免除；保荐人需要调查第三方机构的基本情况、资质、执业记录，了解所聘请的第三方和具体参与人员是否具备执业所需要的资质，是否存在不良执业记录，保荐人应明确第三方机构和人员的具体工作内容，并复核其工作成果和结论。

总结而言，尽职调查职责外包边界为（结合《证券公司保荐业务规则》第45条）：

1. 保荐人可以基于合理使用的原则，外聘第三方提供尽职调查服务，但需要对第三方的工作结果负责，保荐人依法应当承担的责任不因聘请第三方而减轻或免除。

2. 保荐人应当主导尽职调查，明确第三方机构和人员的具体工作内容，且仅可以通过使用第三方服务为其履行保荐职责提供辅助决策，不得将保荐职责及其他法定责任予以外包或转嫁。

3. 保荐人在聘请第三方工作时，应当审慎评价其专业胜任能力和客观性，需要调查第三方机构的基本情况、资质、执业记录，了解所聘请的第三方和具体参与人员是否具备执业所需要的资质，是否存在不良执业记录。

4. 保荐人在使用第三方工作结果前，应当履行充分、适当的核查程序，并结合对发行人的了解和实施其他尽职调查程序的结果，复核第三方的工作范围和工作结果是否恰当。

在境外客户核查替代程序越来越多且是次优选择的情况下，实践中也确实出现了很多境外销售客户核查程序不到位、数据解释不清楚，甚至赤裸裸造假的情形。当然，任何不恰当的处理都是留痕的，都是很难不被发现的，尤其是 IPO 企业在经历现场检查或者现场督导的情况下。具体到本案例，即使督导组没有去境外客户实地走访和核查，通过发行人内部相关数据的比对，与同行业进行相关数据的对比，包括对发行人内部控制系统的核查，也很轻易发现很严重的财务造假问题。

关于这个案例，现场督导重点关注以下两方面问题：一是境外销售收入的真实性。报告期内，发行人境外销售收入占其主营业务收入比例分别为 78.43%、83.75% 和 84.11%。二是境外存货的真实性。报告期各期末，发行人境外存货账面价值分别为 32,934.91 万元、33,878.95 万元和 45,557.25 万元。保荐人均未亲自走访、函证境外客户和实地监盘境外存货，主要依靠外聘第三方走访境外客户、对境外期末存货进行实地监盘，利用发行人聘请的境外会计师对境外收入实施函证。

针对上述审核重点关注事项，现场督导综合运用查阅保荐人工作底稿、现场询问和访谈、核查原始单据、OA 系统审批流程和相关工作邮件，视频访谈同行业可比上市公司，查询企查查、美国公司官方备案信息网站，要求保荐代表人补充核查和提供解释说明等现场核查手段，核实保荐人对相关问题的核查把关是否到位。

这个案例也引发出一个财务造假特别是外销财务造假新模式，就是通过境外子公司在境外直接实施造假。对于外销收入核查，中介机构习惯性核查报关单、提单这些材料来验证商品是否真实出口。如果有个境外子公司，母公司把商品转移给境外子公司，必然是真实出口，那么报关单、提单自然没有问题。但是，母子公司内部转移商品是不能在合并报表层面确认收入的，此时再通过子公司在境外实施造假，其业务流、资金流、货物流都在境外，增加了中介机构核查难度，很多中介机构也疏忽对境外子公司销售的核查。

二、芯德科技：发行人部分外销收入存在异常

报告期内，发行人境外销售收入占比分别约为66%、77%、80%。发行人部分境外客户通过受托购买方（发行人境外客户委托第三方向发行人采购，该第三方即受托购买方）向发行人采购，部分境外客户存在大量第三方回款。报告期内，发行人通过向客户受托购买方销售与第三方回款方式形成的外销收入占比为40%。

现场督导发现，发行人通过向客户受托购买方销售与第三方回款方式形成的外销收入存在异常：

1. 发行人客户与受托购买方之间受托采购关系的真实性存疑。经查，发行人客户与受托购买方签署的受托采购协议实际由发行人提供，并非客户与受托购买方协商自主拟定。例如，发行人披露A公司为前五大客户之一，而受托采购协议显示，A公司仅为受托购买方，B公司为实际客户，且A为B的子公司。经检查，A、B公司双方不存在母子公司关系，上述受托采购协议及母子关系表述为发行人员工直接拟定。

2. 保荐人无法确认受托购买方的回款是否真实源于实际购买方。例如，在发行人与前述B公司的交易中，货款系由A公司支付，但保荐人无法确认A公司的资金是否来源于B公司。

3. 第三方回款真实性存疑。经检查，发行人大部分第三方回款无代付协议，部分代付协议亦未明确指定具体代付第三方。同时，还存在同一个代付第三方替多个客户支付货款、代付第三方为多个自然人、同一客户对

应的代付第三方在报告期内变化较大等异常情形，保荐人无法确认回款方的具体身份。

4. 发行人出口报关单可靠性存疑。发行人曾将非整机货物按完整整机出口报关，导致报关单产品单价与总价虚高。对于督导组抽取的外销收入细节测试样本，发行人无法提供境内段完整物流运输单据。

5. 发行人第二大股东境外 C 公司及其境外实际控制人甲、境内事务具体负责人乙等相关主体，均未提供完整资金流水。对前述主体是否通过境外资金配合发行人进行体外资金循环，保荐人未能进行审慎核查。

小兵评析

在以前的案例分析中，小兵提到，关于 IPO 实践中境外销售收入真实性核查的最大困境：经销商销售、第三方回款以及销售区域极度分散。IPO 注册制改革重视充分信息披露，强调对于商业逻辑合理性的自我论述，不过 IPO 实践中很多时候仍旧存在难解的困局：对于发行人来说，或许收入不一定是虚假的，至少大部分不是虚假的，但是发行人很难证明这个结论和事实。注册制改革给了发行人和中介机构充分解释的机会，只是因为各种特殊因素的影响，要想真正解释到位并得到认可，很多时候仍旧是不可能完成的任务。

具体到本案例发行人，我们先说几个事实：

1. 发行人境外销售占比逐年提高，从 60% 增加至 80%，可以说盈利来源几乎全部是境外。

2. 发行人境外销售很多客户实际上均是委托第三方购买，这种模式实践中有合理性，但是结合发行人自身的情况以及具体操作模式显得很异常。

3. 发行人委托购买模式以及第三方回款合计形成的收入超过 40%，也就是发行人境外销售一半左右是这种模式形成的。

客户为什么要委托购买，客户跟委托方到底是什么关系，是否有充足证据，第三方回款的必要性和理由是什么？在IPO审核实践中，第三方回款尽管没有了比例限制，但超过40%的比例应该还没有这种成功的IPO案例。

带着这些疑问，现场督导的工作再次发挥了其应有的作用和价值。从某种意义上来说，境外销售如果要进行业绩操纵还是有很大的隐蔽性和迷惑性的，而在这种情况下，现场督导可从细节入手找到突破口，抽丝剥茧找到发行人体系上和逻辑上不能自洽的漏洞，从而在审核阶段保证IPO发行人的质量和财务数据的真实性。

现场督导仍旧没有下结论认为发行人财务系统性造假，不过各种疑问不要太直白，是不是财务造假，小兵帮大家简单总结，其实每个人心里可能都会有一个答案：

1. 委托购买协议是发行人帮客户直接提供的，也就是客户和委托购买方没有任何商业合理性。其中某个前五大客户的委托购买方发行人披露是母子公司关系，而现场督导发现根本就不是。

2. 委托购买方的资金是否来源于实际客户，无法真正核查且保证一一对应。这或许就是核查没有到位的问题，也可能是客户真的存在问题，这里我们不作评价。

3. 发行人第三方回款的真实性存在重大疑问，很多第三方回款都是自然人回款，且没有充足的证据证明资金流水的完整性。

4. 发行人无法提供外销出口产品境内的完整物流单据，某些产品的报关也存在价格虚高的报告违规的情形。

5. 发行人境外第二大股东以及境内相关负责人没有提供完整的银行流水，是否存在体外资金循环的情形，保荐机构无法进行充分核查。既然无法充分核查，那么保荐机构和其他中介机构是怎么发表意见的呢！

第四节 销售模式发生变动导致收入真实性存在疑问

一、美庐生物：发行人定制模式收入大幅增加且真实性存疑

发行人主要产品为奶粉，以经销模式为主，客户较为分散，且个体户占比较高。报告期内发行人主要产品收入下滑，但定制模式产品（为客户代工生产产品）收入快速增长。审核中重点关注定制模式产品收入增长的合理性和收入真实性。

现场督导发现，发行人定制模式收入真实性存在以下异常情况：

1. 发行人的实际控制人甲及其控制的企业在申报期内存在大额资金净流出，保荐人经核查后认为系归还前期拆借资金、支付购房款等，但未能提供借款合同、购房协议等支持性证据。

2. 发行人定制模式客户A的销售回款涉嫌来自发行人实际控制人前述净流出资金。

3. 发行人定制模式客户B在报告期内成立，当年即与发行人合作并成为发行人第一大客户。保荐人执行函证、走访等核查程序对其进销存数据进行核查，但两种核查方式获取的采购入库数量存在明显差异。

小兵评析

根据公开披露的信息，发行人主营业务是奶粉的生产和销售，且其市场主要在县城乡镇等下沉市场。报告期内，发行人主营业务也就是卖罐装奶粉的收入大幅下滑，同时突然之间所谓定制模式收入大幅增长。也就是说，发行人本来是有自己的品牌奶粉，自己生产自己品牌的奶粉卖，这块业务不行了且业绩下滑非常明显，现在开始给其他厂家的奶粉做代工，也就是所谓定制模式。

从 IPO 审核的标准来看，发行人报告期内业务模式发生重大变化，并不影响发行上市条件的判断，也不是必然的红线。对于业务模式的重大变更，当然也需要有一个基本的前提，那就是：这样的业务模式变更是发行人主动进行的改变，对企业的发展是利好的，并且改变是持续的不是偶然发生的，这样的改变是合理的且清晰的，经得起核查、值得信赖的。具体到本案例，发行人这个定制模式的第一大客户就很异常，也就是通报提到的，"成立当年即与发行人合作并成为发行人第一大客户。保荐人执行函证、走访等核查程序对其进销存数据进行核查，但两种核查方式获取的采购入库数量存在明显差异"，先不讨论资金流水，仅这个异常，就值得保荐人高度警惕，必须慎之又慎地进行核查。

与此同时，更加让人不得不怀疑销售真实性的是，督导组发现，发行人定制模式客户 A 的销售回款涉嫌来自发行人实际控制人净流出资金。发行人的实际控制人及其控制的企业在申报期内大额资金净流出，保荐人经核查后认为系归还前期拆借资金、支付购房款等，但未能提供借款合同、购房协议等支持性证据。

这个问题在券商资金流水核查中可以说是非常典型。在 IPO 项目实践中，有多少时候，对于各种大额异常资金往来，中介机构都无法拿到任何客观证据，全靠当事方口头说明、承诺，对当事方访谈；只要有承诺，就认为不存在异常。这些其实都是主观证据，证明力很弱，特别是在这个案例中，销售回款还涉嫌来自实控人流出的资金，则直接影响对收入真实性的判断。

实务中，销售回款涉嫌来自实控人，一般有两种情形：

1. 实控人给客户转账，客户马上给发行人回款，这种最简单粗暴，也容易发现和核查。

2. 实控人这边有资金流出，差不多时间，销售端客户有回款，而且回款的时间和金额与实控人流出资金的时间和金额很接近甚至完全相同。这种情况相对隐蔽，需要对实控人资金层层穿透，才能看到整个资金流转链条。

审核动态中披露本案例并没有提及具体是哪种情形，无论是哪种，保荐机构对于这个问题发表核查意见应该相对审慎，特别是没有客观证据的时候。这个案例对实控人和董监高等大额资金流水核查具有很强的指导意义，再次提醒我们，大额资金流水有没有问题，要拿出客观证据说话。

二、生泰尔：销售模式变动的真实性存疑

1. 发行人前次 IPO 申报被否的主要原因系未能对个人客户销售真实性作出充分说明等。之后，发行人与某大型农牧业央企 A 公司签订战略合作协议，A 公司成为发行人的经销商且为报告期内第一大客户，发行人直销的个人客户大幅减少，销售模式发生重大变化。发行人销售模式变动和销售收入是否真实？

> **小兵评析**
>
> 发行人是一个典型的农业企业，第一次申报 IPO 的时候没有顺利通过审核，这是第二次申报。发行人第一次被否的核心原因是客户主要是个人客户且非常分散，真实性没有作出充分说明。
>
> 第二次 IPO 申报，发行人和中介机构自然需要对第一次被否涉及的方面进行彻底充分的整改。发行人的整改措施是：（1）找到一家大型的央企农牧企业，其可信度很高。（2）发行人与这家央企签署战略合作协议，央企成为发行人经销商且第一大客户。这样做是整改了，但发行人报告期内的销售模式和重大客户也发生重大变化。最关键的是，发行人这样的整改是真实的吗，是彻底的吗，经得起核查吗？

2. 报告期内 A 公司通过 4 个二级经销商销售发行人产品，但 4 个二级经销商自设立起一直由发行人实际管理，发行人员工为 4 个二级经销商办理工商注册登记手续、搭建系统和财务账套，管理二级经销商员工，审核二

级经销商的销售合同，并为其开具发票、安排发货及退货、管理回款及资金收付等事宜。同时，发行人销售人员与4个二级经销商存在频繁异常资金往来。此外，发行人上述合作模式和同行业可比公司的经销模式存在差异，发行人对个人客户的销售存在异常。

小兵评析

前面我们提到，发行人第一次IPO被否是因为客户主要是个人且分散，收入真实性没法核查。这次申报，发行人找了一家很大的央企做经销商，看起来是解决了问题，结果竟然是虚假的，不是真的解决问题：(1)这家央企通过4个二级经销商销售发行人产品。(2)4个经销商从设立开始就是发行人实际管理，所有的注册登记、开票发货、财务账套等都是发行人的员工操作，这感觉就有一些离谱了。(3)发行人销售人员与这4个经销商还有频繁资金往来，基本上可以确定，这4个经销商很可能存在与发行人异常的交易，因而需要资金流转的痕迹。

---

3. 针对上述审核中重点关注事项，现场督导项目组紧扣发行上市条件和信息披露要求，结合发行人涉农牧业的行业特点及业务模式，通过综合运用查阅保荐人工作底稿、现场询问和访谈，核查发行人相关原始单据、材料和OA系统的相关审批流程，要求保荐代表人补充核查和提供解释说明等现场核查手段，了解与核实保荐人对发行人相关问题的核查把关是否到位。

小兵评析

通过这里的描述，我们基本可以了解交易所对于IPO项目现场督导的方法和手段，也没有什么特殊的或者超常规的方式，就是对原来中介机构的工作进行一个复核或者补充进行一些核查，手段同样受限，时间同样紧张。因而，现场督导如果发现IPO发行人的问题，那就是水平高、责任心重；如果有时候没有发现问题，也不用苛责。

第五节　不恰当使用总额法确认收入

一、谷麦光电：发行人涉嫌不恰当地以总额法代替净额法确认收入

发行人与 A 公司（2020 年、2021 年均为发行人第一大客户和第一大供应商）等三家客户既有采购又有销售业务，通过分别签订采购合同、销售合同的方式开展合作。发行人将其与三家客户的业务均按总额法确认收入。

现场督导发现，发行人无权按照自身意愿使用或处置待加工原材料，无权主导待加工原材料的使用并获得几乎全部经济利益，即涉嫌不能控制待加工原材料。以 A 公司（境外上市公司）为例：

1. 根据发行人与 A 公司的合同约定，A 公司对发行人所生产的产成品规格、型号、品质有具体明确要求，并指定所需使用原材料的具体品牌、规格型号、技术参数等。

2. 发行人所采购的指定原材料只用于为 A 公司生产产品，不能与为其他客户生产的原材料随意混用；发行人对原材料仅承担保管风险，不承担价格变动风险，未能取得与原材料所有权有关的报酬。

3. A 公司在其披露的年报中，将其与发行人的交易按净额法披露。

发行人与前述三家客户的业务为受托加工业务，发行人涉嫌不恰当地以总额法代替净额法确认收入。

小兵评析

对于委托加工业务，发行人如作为受托方判断能否使用总额法确认收入，核心是判断发行人能否控制待加工原材料，这是《企业会计准则——基本准则（2014年修改）》（以下简称《企业会计准则》）和《监管规则适用指引——会计类第1号》（以下简称《会计类第1号》）明确的规则。具体而言，如果加工方取得了待加工原材料的控制权，则加工方应当将购入的待加工原材料确认为一项存货，该业务的实质为加工方以自有存货为客户（委托方）加工产品，将加工完成的产品销售给委托方时，按照总额法确认商品销售收入。相反，如果加工方未取得待加工原材料的控制权，则加工方购入的待加工原材料仍然属于委托方的存货，加工方用该原材料为委托方加工产品时，该业务的实质为加工方为委托方提供加工劳务，应当按照净额法确认加工费收入，而不能按总额法确认整个商品销售收入。

《会计类第1号》明确规定，加工方应根据合同条款和业务实质，判断加工方是否已经取得待加工原材料的控制权，即加工方是否有权主导该原材料的使用并获得几乎全部经济利益。具体包括5个条件：(1) 原材料的性质是否为委托方的产品所特有；(2) 加工方是否有权按照自身意愿使用或处置相关原材料；(3) 加工方是否承担除因其保管不善之外的原因导致的该原材料毁损灭失的风险；(4) 加工方是否承担该原材料价格变动的风险；(5) 加工方是否能够取得与该原材料所有权有关的报酬等。

从《企业会计准则》的角度来说，对于收入确认到底是用总额法还是净额法，完全就是发行人和会计师自主的判断，通过各种因素综合分析，没有定量明确的标准。从IPO审核的角度来说，监管机构关注总额法的考虑：发行人申请首次公开发行股票并在创业板上市，应当符合创业板定位。创业板主要服务成长型创新创业企业，使用总额法还是净额法确认收入，虽然不影响净利润，但是对收入金额影响通常很大，而收入增长情况和收入规模在监管实践中，容易被认为是企业成长性和实力的重要体现。因此，监管可能是从"成长性"这个发行上市条件的高度来关注总净额收入确认问题的。在某些业务并不明确能够区分用净额法还是总额法的情况下，小兵的建议就是：除非有充足合理的证据，不然能用净额法就用净额法，不要轻易用总额法。

2022年9月，财政部发布《关于加大审计重点领域关注力度 控制审计风险 进一步有效识别财务舞弊的通知》，也明确将不恰当使用总额法确认收入作为财务舞弊易发高发领域。

此外，采用总额法还是净额法的权衡里面还有一个逻辑问题，需要特别提醒：如果企业利润表用总额法，就表明发行人能够控制待加工原材料，那么不应该把待加工原材料作为"受托加工物资"核算，而应该作为存货计入资产负债表（受托加工物资不是发行人存货，发行人不需要在报表确认，只需要备查登记）。如果发行人用净额法核算待加工原材料，资产负债表就不能将待加工原材料作为存货确认，只能作为"受托加工物资"；备查登记，不需要在资产负债表确认任何资产，以确保资产负债表逻辑和利润表逻辑一致，这是基本会计学原理。但在很多案例中，发行人两张表处理逻辑矛盾。

简单来说，采用总额法还是净额法的权衡如表1所示：

表1 确认收入的方法

能控制	采用总额法确认收入	库存商品
不能控制	采用净额法确认收入	受托代销商品

具体到本案例，发行人本质上是为客户委托加工的业务，认定为传统的采购和销售业务，采用总额法确认收入。当然，关于这种委托加工模式，是客户的委托加工还是根据客户的要求指定采购然后加工销售，有一个最本质的区别就是：发行人是否要承担采购和销售所有的风险，如原材料价格波动的风险、产品损失的风险等。

二、科隆新能源：第一大客户收入确认由净额法调整为总额法

报告期内发行人与第一大客户的收入确认由净额法调整为总额法，是否符合《企业会计准则》等相关规定。

小兵评析

除了前面提到的创业板关注总额法还是净额法主要是考量创业板定位之外，还有一个很多企业发行人不知道从哪里得到的观念：企业营业收入规模越大，越体现公司实力，也有利于IPO。这样的想法其实没有任何道理，实践中也没有任何意义，净额法确认收入不影响净利润规模，还能够提高业务的毛利率，某些情况下对企业更有利。从IPO审核实践来看，报告期内总额法调整为净额法还比较容易过关，反之很难。

第二部分

成本费用的真实性与完整性

第一节 关联采购定价的公允性存疑

一、爱联科技：关联采购价格的公允性和合理性存疑

该发行人主要产品为物联网模组和基于模组的系统集成部件，其控股股东为国有集团企业 A 公司。发行人关联采购规模较大，其中主要为向 A 公司之孙公司 B 公司采购通信模组 SMT（Surface Mount Technology，表面贴装技术）加工服务。报告期各期，发行人向关联方 B 公司采购金额分别为 4136.10 万元、3341.50 万元、666.43 万元、158.06 万元，采购价格（0.0055 元/点）远低于市场公开价，且 B 公司仅向发行人提供 SMT 加工服务。如以公开的采购价格最低的两家可比上市公司采购均价（0.0122 元/点）模拟测算，发行人申报时报告期最近两年（2019 年和 2020 年）扣非净利润合计金额将不到 5000 万元，这对发行人是否符合上市财务指标存在重大影响。

针对上述审核中重点关注事项，现场督导通过综合运用查阅保荐人工作底稿，现场询问和访谈，核查发行人相关原始单据和材料、OA 系统与相关工作邮件，视频访谈可比上市公司相关业务负责人，要求保荐代表人补充核查和提供解释说明等核查手段，了解与核实保荐人对发行人相关问题的核查把关是否到位。

现场督导发现，发行人关联采购定价的公允性、合理性存疑：

1. 发行人选取对比的供应商 C 公司的相关采购价格可靠性存疑。发行人披露，其向独立第三方 C 公司采购 SMT 加工服务的价格亦为 0.0055 元/点，以此对比论证发行人向 B 公司关联采购价格公允性。经检查，C 公司系 B 公司离职人员 W 所设立，W 为 C 公司第一大股东并担任法定代表人，与发行人具体对接采购业务的 C 公司员工 G 亦曾任 B 公司工艺主管。同时，发行人向 C 公司采购金额小（总共只有 40.45 万元）且采购时间集中于 2021 年 4 月（采购 32.63 万元）。此外，C 公司向发行人提供 SMT 加工服务的价格远低于 C 公司向 B 公司提供同类服务的价格（0.0090 元/点）。

2. 发行人选取对比的两家第三方询价价格（分别为 0.0055 元/点、0.0065 元/点）可靠性存疑。经检查，发行人仅有两家询价供应商的报价单，无法提供对应询价及回复的沟通、洽谈过程和记录，且部分报价单未注明产品具体型号参数信息。

3. 发行人与可比上市公司采购价差合理性的论据不充分。发行人披露其与可比上市公司产品特点、采购规模、产品结构不同，导致其采购价格偏低。经检查，发行人未将自身产品与可比上市公司同类产品进行对比，而是与 A 公司下属公司的其他不同类型产品进行比较，且部分论证未见支持性底稿。此外，某可比上市公司相关业务负责人接受督导组访谈时指出，SMT 贴片价格 0.0055 元/点仅适用于工序较为简单的 LED 行业，不适用于发行人相关通信模组产品。

4. 发行人内部工作邮件显示关联采购价格公允性存疑。经检查，发行人销售总监在发给发行人董事会秘书的工作邮件中指出，"行业内通行的 SMT 报价含税为 0.01 元/点"，远高于发行人关联采购价格 0.0055 元/点。

小兵评析

这个案例主要涉及关联交易公允性，并且是关于发行人向关联方采购的价格公允性问题，这在 IPO 审核实践中并不多见。全面注册制下，IPO 审核对于关联交易的问题更加宽容，也更加尊重企业生产经营的实质和商业惯例。只要发行人的关联交易是正常发生的，是企业经营所必需的，且关联交易的公允性能够经得起核查，不存在通过关联交易进行利益输送或者粉饰业绩的情形，那么一般不会构成IPO的实质性障碍。

对于关联交易公允性的核查和论证，无非就是找到可比的交易价格，然后分析关联交易价格与其他交易的几个是否存在重大差异，实践中差异不超过5%一般就认为是可以接受的。对于可比交易价格的选择标准，可以是市场公开的价格，可以是同行业可比公司的交易价格，也可以是发行人自身与其他客户交易的价格。它们的选择逻辑不一样，而对比和核查的要求是一致的。

在以往的核查和实践操作中，对于关联交易公允性的核查程序和标准都是清晰成熟的。到底该如何把握可比对象，可比价格选择是否合理，是否存在为了验证交易公允而有目标性地选择可比交易价格的情形，这些细节问题以前审核机构是没有格外关注的，某些情况下项目组也会粗糙处理。

从这个角度来说，本次披露的现场督导的案例，可以很大程度上提示大家关于关联交易公允性核查需要更加关注细节，更加到位和细致，而不是为了论证公允性而有针对性地寻找可比对象和证据。当然，这个案例还有一个非常特殊的地方，就是如果严格把握关联交易的公允性，发行人是不满足IPO发行条件的，连最基本的要求都不符合。从这个角度来说，保荐机构对于这种情形还是应该承担相对多的责任。

交易所披露这个现场督导的案例，更深层次的目的是引发出一类新情况，引导大家对于某一类IPO类型进行更深刻的思考和解读，如所谓的以小米系、阿里系、华为系为代表的"生态圈IPO"。本案例发行人就是在一个大的集团、大的平台、大的生态系统中，先集中资源扶持一个企业IPO，然后圈钱、套现，在上市成功后再撤回相关扶持。实践中最常见的操作，比如，IPO阶段，安排集团上下游相关企业低价供应、高价采购，形成明显不公允关联交易，帮发行人做利润。上市后这些操作能否持续疑问很大。生态圈 IPO 企业，监管机构最担心的也是这一点。上市前大订单扶持，上市后变现离场，一地鸡毛，业绩变脸，而上市的 IPO 案例中已经出现这样的情形，不禁让人唏嘘。

二、金张科技：发行人关联采购价格公允性存在异常

A 公司为发行人报告期前五大供应商之一，系发行人第二大股东的全资子公司，为发行人关联方。报告期各期，发行人向其采购金额占营业成本的比例分别约为 13%、11%、10%、7%。发行人和保荐人在审核问询回复中披露了 A 公司向发行人和其他客户销售同种产品的单价明细表，经对比后认为发行人关联采购价格公允。

现场督导发现，发行人关联采购价格公允性存在异常：

1. A 公司向发行人销售部分原材料的价格，明显低于销售给其他客户的价格。例如，A 公司原始销售订单显示，2017 年向发行人销售甲产品的平均单价约为 11.50 元/kg，明显低于当月 A 公司对其他客户销售甲产品的单价 15 元/kg，差异率约为 30%。

2. 采购相关信息披露不真实。A 公司原始销售订单显示，A 公司实际销售给其他客户的价格，高于发行人披露的 A 公司销售给其他客户的价格。以 A 公司 2019 年对其他客户销售产品的单价为例，发行人披露仅为 12.77 元/kg，但实际为 14.50 元/kg，差异率约为 15%。

> **小兵评析**
>
> 关于关联交易，在 IPO 审核中永远都是关注两个核心问题，一个是必要性，另一个是公允性。现在我们分析关联交易，还会增加一个合理

性的讨论，其实本质就是前面两个核心问题的综合分析。在IPO注册制改革情况下，关联交易不构成IPO的实质性障碍，不论是关联交易的金额和占比超过了30%，还是报告期内关联交易占比呈逐渐上升趋势，只要是逻辑合理、理由充分，都不一定是IPO红线问题。

具体到这个案例，涉及的关联交易问题：

1. 关于必要性，发行人跟二股东的全资子公司进行采购交易也不能说不允许，可能也有商业合理性。更加重要的是，发行人对关联方采购的占比最高只有13%且每年还在下降，最后一年只有7%，显然是可以接受的。

2. 关于公允性，发行人也是用最典型的方式来验证：用关联方对发行人销售价格与对其他客户销售价格来对比验证交易价格是否公允。当然，按照一般的操作，还会有另外一种验证路径：发行人采购关联方的价格与采购其他供应商的价格是否存在重大差异。

关于关联交易价格是否公允，实践中一般差异在5%以内默认是合理的。当然，商业合作显然不是简单的数学运算那么简单，很多合作可能因为客户诉求、谈判条件、交货期限、合作时间等因素导致销售价格存在重大差异。在某些极端因素的影响下，某些产品的订单、某些特定情况下的订单价格可能与正常的价格差异超过10%甚至超过30%；只要这种差异不是普遍存在的、是偶然发生的，就有其合理性。

具体到本案例涉及的情形，根据前期披露的回复，督导组抽查了多个年份、多个月份的订单，关联交易巨大的价格差异可能是较为普遍存在的，确实需要引起关注。

第二节 市场推广费完整性

一、咏声动漫：发行人市场推广费的完整性存疑

发行人主要产品为动漫电视、电影等动漫内容，2020年12月销售收入占2020年全年销售收入的比例超过45%，主要系对第一大客户A公司的销售收入。（A客户是捷成华视网聚文化传媒有限公司，以下简称捷成华视）

2020年，发行人主要销售模式由直销至优酷等平台客户，变更为版权代理模式（将动漫产品授权销售给中间商，再由中间商向下游平台下发）。12月24日，发行人与捷成华视双方签署了《南海日记1-2独家合作协议》，发行人将新片"猪猪侠之南海日记1-2"销售给捷成华视，12月29日发行人确认了该片的销售收入1584.91万元，毛利润约为1000万元。

> **小兵评析**
>
> 对于这个案例披露的现场督导的两个核心问题，本质上是一个问题，或者说具体到一个核心问题的两个方面。这个问题的本质，简单总结就是：发行人在2020年12月对某个客户突击确认收入，而这个收入明显就是刻意安排的，存在真实性和合理性的重大疑问。
>
> 关于这笔销售和收入，我们简单总结以便大家更好理解：
>
> 1. 根据发行人披露的招股说明书，发行人2017年至2020年6月，实现的收入和净利润情况如表2所示：

表 2　发行人 2017 年至 2020 年 6 月的收入和净利润

项目/万元	2020年1—6月	2019年	2018年	2017年
营业收入	5778.58	19,412.11	19,971.07	15,258.67
净利润	450.01	4366.72	5827.40	2667.58
归属于母公司所有者的净利润	430.44	4365.53	5855.84	2562.47
扣除非经常性损益后归属于母公司所有者的净利润	205.26	3896.32	5248.16	1979.42

2. 从这个业绩变动趋势来看，2020 年不论是收入还是净利润都可能呈大幅下滑的趋势，本来 2019 年只有不足 4000 万元的净利润，已经离创业板隐形门槛越来越远。发行人为了 2020 年业绩不会太离谱，继续保持对创业板 IPO 的可能性，可能就需要做一些"非常规"的操作。

3. 2020 年经过了一年的正常路径的努力，可能效果都不是很好，没有达到预期目标，因而到了 2020 年 12 月，发行人可能决定放手一搏。发行人强行改变原来直接向优酷等视频平台销售的模式而改为版权代理模式，这本身就很诡异。12 月 24 日，发行人与常州一个不知名的代理商签署了协议，然后 12 月 29 日这个客户就确认收到了介质和上线时间，发行人因而踩点确认收入。

4. 发行人与这个客户如此安排的一笔突击确认的收入，超过 1500 万元，毛利润超过 1000 万元。发行人 12 月的收入占 2020 年全年收入的 45%，而主要收入就来自这个客户的这笔收入。

从某种意义上来讲，发行人这种与某个客户的销售和收入的操作，看起来不仅仅是突击提前确认收入那么简单。

现场督导发现，发行人市场推广费完整性方面存在以下异常：

1. 发行人在与捷成华视签订销售合同的同时，另行签订了一份"抽屉协议"，即《投放推广服务协议》。该协议约定，由 B 公司向客户 A 公司子公司支付推广投放服务费 400 万元，B 公司法定代表人为发行人实际控制人亲属。发行人员工协助陕西众生万相文化传媒有限公司（以下简称众生万相，也就是 B 公司）与捷成华视子公司新疆华秀文化传媒有限公司（以下简称华秀文化）于 12 月 29 日签署《投放推广服务协议》。《投放推广服务协议》约定众生万相向华秀文化支付投放推广服务费 400 万元，但未列明具体投放推广标的。

2. 报告期内与发行人产品相关的部分广告已实质投放，但发行人未能提供其支付相关广告费用的依据，其广告投放费可能不完整。

3. 发行人实际控制人报告期内存在部分无合理解释的大额消费，包括在建材店、服装鞋帽店等个体工商户发生大额刷卡消费，相关交易单笔金额较大、短时间内在不同商户消费相似金额且跨地区消费。

4. 此外，督导期间，发行人关键岗位员工未积极配合督导组就相关事项进行访谈。2021 年 1 月 27 日，现场督导中要求发行人员工接受访谈并说明《投放推广服务协议》签署情况，该员工未积极予以配合，直至 1 月 30 日现场督导结束时，发行人相关人员仍未前来主动说明情况。

5. 《投放推广服务协议》与《南海日记 1-2 独家合作协议》的签署时间相近，涉及金额较大，对审核判断构成重要影响，发行人应当积极配合现场督导组及时说明相关情况，但发行人未予以解释说明即撤回发行上市申请。

小兵评析

有了前面我们的分析作为基础和铺垫，我们再看看市场推广费这个问题就更可能把握本质。或许，这笔 400 万元的市场推广服务的费用，根本就不是什么推广费，实际就是这个客户配合发行人虚构业绩的一笔"中介费"。如果这个逻辑成立，那么这 400 万元推广服务费根本不会有具体的推广标的和内容，发行人也无法提供真正实施了广告推广的凭证和依据。

当然，除了这个逻辑上我们的判断或者说推测，其实这个问题还有很多疑点，最重要的发现当然还是来自现场督导的威力：

1. 《投放推广服务协议》本身就是一个"抽屉协议"，签署这个协议的是实际控制人亲属控制的公司，而另外一个合作方是这个销售客户的子公司。如果不是现场督导，可能很难发现这个协议，而没有这个协议，我们论证如此明显的虚构收入就少了核心的证据链条。

2. 发行人实际控制人存在多个异常的场所（包括小型的建材店、衣帽店等）大笔银行刷卡交易的情形，同时存在金额巨大、不同商户消费金额相似等情形，这很有可能就是找了个店去刷 POS 机来套现，从而进行资金的体外循环。

3. 现场督导组要求员工对《投放推广服务协议》签署情况进行配合访谈，结果员工根本不配合调查，只是 IPO 申请一撤了之，也算是罕见的不配合监管案例了。

二、小影科技：发行人市场推广费的完整性存疑

发行人主要产品为移动互联网应用程序。报告期内发行人市场推广费占收入比重逐年降低，单个用户获客成本与其他互联网行业上市公司相比偏低且逐年下降。从发行人主要产品获取注册用户的渠道看，主要包括广告投放获取的用户、自然新增用户（未通过广告引流而自发下载并使用发行人产品的用户）两类，但各期新增用户绝大部分为自然新增用户。审核关注发行人自然新增用户占比高的合理性和推广费的完整性。

现场督导发现，发行人市场推广费的完整性存疑：

1. 发行人自然新增用户占比显著高于同行业可比上市公司。经访谈行业专家得知，在发行人所处行业领域，自然新增用户占比达到50%即为较高水平，且一般难以持续。但发行人披露，其旗下主要应用程序的自然新增用户占比均超过75%，明显高于行业水平。

2. 发行人获客成本明显低于同行业可比上市公司。经对比发现，发行人产品在美国、德国、日本等典型市场的获客成本显著低于同行业可比上市公司。

3. 发行人未披露"刷好评"推广行为，也未见保荐人核查。发行人OA系统显示，其存在通过社交平台刷好评的方式获取用户的情形，并支付了相应推广费，但其入账的年度推广费较低，与新增客户数量明显不匹配。

小兵评析

发行人主要就是提供互联网应用程序下载服务的，说白了，就是主要依靠用户下载应用程序获得收入。这种业务模式下，IPO 实践中主要关注的财务核查的问题必然是两个：（1）发行人用户下载数量是否真实合理，是否存在通过虚构的下载客户粉饰业绩的情形；（2）发行人为了获得用户下载付出的成本是否真实、完整。

在这种业务模式下，发行人为了获得用户，除了常规的软件开发和维护的成本之外，需要付出的最大成本就是市场推广的成本，甚至很多时候一个用户获得的收入有一半以上都是获客成本。在这种情况下，发行人如何对获客成本进行核查，保证推广成本的完整性和真实性，就显得格外重要，因为这会对发行人的业务模式合理性和财务数据的真实性产生重大影响。

在本督导案例中，其实就是带着问题出发，从三个典型的维度，综合因素考虑之后来质疑发行人的市场推广成本的完整性。根据披露的督导项目信息，这三个典型证据就是：

1. 发行人不通过市场推广、自然新增的用户远高于行业平均水平。自然新增用户行业平均是 50% 且不可长期持续，而发行人超过 75%，这显然与行业惯例和市场的平均情况相违背，必然关注到是否存在体外资金循环的情形。

2. 发行人在典型市场的获客成本显著低于可比上市公司。对于这个行业相同业务模式的公司来说，其实理论上获客成本不会存在重大差异，毕竟市场推广的效果在互联网上是相对公平的。如果差异很大，可能就存在数据上的疑问。

3. 发行人曾经存在"刷好评"获得用户的情形，发行人没有完整披露，保荐机构也没有核查。这个问题是现场督导通过 OA 系统发现的，也体现了督导的价值。

三、大汉科技：居间服务真实性存疑

报告期内，发行人通过居间服务商提供居间服务实现产品销售的收入占比约为70%。居间服务商以自然人或个人独资企业为主，且大部分注册资金较少、成立时间较短，同行业可比公司较少采用居间服务商模式。

现场督导发现，发行人居间服务真实性存在异常：

1. 发行人与部分居间服务商未签订居间服务协议。截至督导组进场，发行人2019年、2020年居间服务商中有约40%未与发行人签订居间服务协议。

2. 未见居间服务商提供居间服务的证明材料。发行人在核算居间服务商业绩时，由业务员口头告知该笔交易应归属的居间服务商，未见相应的证明材料。

3. 此外，发行人报告期各期前五大居间服务商的名称、排序和居间服务费均存在披露错误。

小兵评析

本督导案例关于居间服务的问题，发行人还是存在很典型的异常的情形以及隐藏在背后的一些值得关注的问题：（1）同行业公司很少采用居间模式，而发行人与行业惯例存在重大差异。（2）发行人通过居间模式实现的销售收入占比超过70%，规模和比例很高。（3）居间服务商都是一些自然人或者个人独资企业。（4）居间服务商都是刚刚注册成立的，注册资本也很少。

或许我们已经有一些判断，这些居间商不一定真正为发行人提供了实质性的服务和贡献，或许就是帮助"走账"，将资金走出到体外，然后进行一些其他的处理。实践中，这种通过居间商（供应商或者客户）将资金走出到体外的情形也不是没有，大概有以下几种情况：（1）涉及商业贿赂的情形；（2）体外资金循环，帮助垫付成本或费用；（3）为员工发放薪酬和奖金；（4）给予客户一些奖励或者返现等。

如果有了上述的猜测，现场督导就要按照这个思路去进行一定的核查并找到一些证据，而督导组披露的信息也验证了上面的一些猜测，比如，居间服务商很多都没有签订居间服务的合同；很多居间服务商提供的服务并没有客观证据证明真正提供了价值。

四、点众科技：运营支撑业务的合理性存疑

发行人主营业务为向互联网用户提供数字阅读（电子书阅读）服务，以及与 A 公司合作开展运营支撑业务。在运营支撑业务下，发行人负责开发阅读平台（如手机 App），提供技术、内容和运营支撑服务，A 公司则享有阅读平台所有权，并负责产品推广、用户管理等事项。发行人按照 A 公司用户充值金额的 10%，向 A 公司收取运营支撑服务费并确认收入。

小兵评析

发行人在电子书阅读领域应该算是知名互联网企业，其主要负责阅读平台的开发、运维、内容维护和技术支持等。A 公司是发行人的客户，发行人向 A 公司收取充值金额的 10% 作为运行支撑服务费并作为自己的收入。

根据发行人披露的信息，报告期内，公司主营业务收入具体构成及比例如表 3 所示：

表3　公司主营业务收入具体构成及比例

项目	2020 年 1—6 月 金额/万元	占比/%	2019 年 金额/万元	占比/%	2018 年 金额/万元	占比/%	2017 年 金额/万元	占比/%
数字阅读收入	82,658.45	98.28	87,634.72	94.91	47,720.70	94.27	30,930.89	96.16
自有书库阅读业务	73,613.85	87.52	77,283.20	83.71	43,673.32	86.28	25,979.08	80.77
咪咕书库阅读业务	—	—	-1.79	-0.002	1250.54	2.47	4951.81	15.40
运营支撑服务	9044.60	10.75	10,347.31	11.21	2796.84	5.53	—	—

续表

项目	2020年1—6月		2019年		2018年		2017年	
	金额/万元	占比/%	金额/万元	占比/%	金额/万元	占比/%	金额/万元	占比/%
版权运营收入	1265.94	1.51	3233.68	3.50	2552.51	5.04	1094.31	0.43
增值服务收入	181.70	0.22	1465.41	1.59	345.97	0.68	139.25	0.43
合计	84,106.09	100.00	92,333.81	100.00	50,619.18	100.00	32,164.45	100.00

从表3可以明显看出，发行人收入结构中是有运营支撑服务收入的，不过并不是发行人的核心业务，并且这部分收入2017年是没有的，到了2018年是占比5.53%的收入，而2019年和2020年1—6月却又翻倍到10%以上的比例。从IPO核查的角度来说，报告期内这种非核心的、高速增长的业务显然是异常的，是需要重点关注的，自然也是现场督导需要重点关注的问题。

现场督导发现，发行人运营支撑业务合理性存在异常：

1. A公司渠道推广商与发行人渠道推广商高度重叠。发行人披露，A公司推广渠道是其核心资源，是其与发行人合作开展运营支撑业务的基础。经检查发现，A公司19家主要渠道推广商中，有11家与发行人渠道推广商重叠，且在A公司与前述重叠渠道推广商签订的推广合同中，约定的合同期限、分成比例等，也与发行人和重叠渠道推广商签订的推广合同基本一致。

小兵评析

A公司是发行人的客户，从督导的信息来看，督导组怀疑A公司其实就是发行人重要的潜在关联方。我们假定A公司就是发行人的一个"影子公司"，那么A公司要么帮助发行人增加收入，要么帮助发行人垫付成本或者费用；在这个模式中，A公司到底为发行人做了哪些贡献呢？

A公司的核心资源是推广渠道，而发行人主要是提供运营支撑服务，两家公司在推广商方面存在重大重叠且签署的协议版本基本上都一致。因而，可以合理怀疑两家公司共用了推广渠道资源，那么到底用的是发行人的还是A公司的呢？根据现有信息，应该是这样的：发行人把推广资源给了A公司来使用，从而才有了A公司的设立和运营，也就有了发行人为A公司提供运营支撑服务，从而获得充值额10%的收入。

　　进一步思考，这个问题的核心还是在于，A公司与发行人共用推广渠道商，发行人推广成本很低，A公司推广成本很高。发行人本来也需要推广（基于正常业务），将部分成本体外化，这可以虚增利润。A公司所处行业基本实现70%毛利率，A公司只有1%，大部分毛利可能都被用于替发行人承担推广成本了，从而导致体外A公司盈利能力差，发行人就很赚钱。

2. A公司盈利状况异常。发行人披露，对于发行人运营支撑业务，发行人同行业上市公司均采用类似方式拓展业务，相关合作模式符合行业特征和惯例，不存在A公司为发行人承担成本、费用的情况。经检查得知，A公司同行业可比公司净利率在40%~70%，而A公司净利率仅在0.1%~0.8%，盈利水平明显偏低。同时，报告期内，A公司支付给前述11家重叠渠道推广商的推广成本约4.5亿元，但发行人支付给前述11家重叠渠道推广商的推广成本仅约0.6亿元，保荐人无法进一步核查A公司支付给前述重叠渠道推广商的推广成本。

小兵评析

　　发行人解释，与A公司业务合作模式是符合行业特征和惯例的，并且A公司也与发行人不存在任何关联关系，更不存在垫付成本和费用的情形。不过，A公司的盈利状况与同行业可比公司存在重大的差异，其他公司净利率超过50%，而A公司竟然不足1%，显然异常。当然，如果我们结合第一个问题，A 公司本来就没有什么推广资源，更没有任何行业竞争力，它就是发行人的一个依附公司和"影子公司"，那么 A 公司不论是怎样的盈利状况就都可以理解了。

关于 11 家重合的推广商，A 公司合计支付了 4.5 亿元推广费用，而发行人只支付了 0.6 亿元的费用，对此就怀疑 A 公司代替发行人支付了成本和费用并不一定理由充分。更加需要关注的是，发行人到底与 A 公司是怎样的关系。还有，如果 A 公司就是一个"影子公司"，那么这个公司大量的收入来自哪里，不然又怎么会有大额资金去支付 4.5 亿元的推广费用呢？A 公司的收入是否有可能来自发行人或者其他体外的主体呢？

3. 发行人与 A 公司关系异常。A 公司实际经营负责人为甲某，而甲某报告期内曾为发行人员工。同时，A 公司提供的自身用户充值流水中，有约 20% 实际为发行人用户充值流水，双方资金流水存在混同。

小兵评析

A 公司实际控制人曾经是发行人员工，这种前员工设立公司与发行人进行交易的情形实践中很常见，不一定就能证明 A 公司与发行人有必然的关联关系。需要思考的是，如果 A 公司的很多充值流水实际上是发行人用户的流水，就可以解释我们第二个问题关注的 A 公司的收入来自哪里了，其实就是可能来自本来是发行人自己用户的充值。

问题又来了，发行人把自己用户的充值给了 A 公司，A 公司用了发行人的推广资源，假装很厉害、是个很牛的公司，发行人还要去配合 A 公司提供运营支撑服务、做 A 公司的乙方，那么发行人到底图什么呢？在这个操作中，发行人是否真的可以虚增利润还是少记成本费用呢？当然，还有一种可能，A 公司实现的收入来自发行人体外的转移，这种可能性还挺大的。

第三节 研发费用与上市条件

一、某科创板案例：对于委托研发的研发费用存疑，进而影响基本上市条件

某科创板发行人 D 选取的上市标准为：预计市值不低于 30 亿元，且最近一年营业收入不低于人民币 3 亿元。报告期内发行人 D 持续亏损，研发费用支出占营业收入的比例超过 30%。发行人 D 委托 E 公司开展其产品核心零部件的研发，相关委托研发支出占整体研发费用的比例较高。

审核关注到发行人 D 与 E 公司的交易存在以下情况：

报告期初，E 公司曾由发行人的实际控制人通过他人代持股份控制，发行人与 E 公司签订了合同金额约 1.5 亿元的委托研发协议，相关交易仅通过发行人管理层内部决策完成，未按照当时适用的公司章程提请董事会和股东会审批，交易中实际控制人隐瞒了 E 公司实际由其控制的事实。报告期最后一年，发行人通过增资 3 亿元的方式持有 E 公司约 51% 的股权，剩余约 49% 的股权仍由发行人实际控制人持有（代持已还原）。同时，E 公司仅为发行人提供研发服务，无其他收入。

> **小兵评析**
>
> 发行人科创板 IPO 选取的标准是第四套标准，这个在科创板上市实践中并没有太多的案例。其实，某种意义上第四套标准与我们更加熟悉的第五套标准有很多相似之处，对于企业来说，它们都是报告期内持续

亏损、研发投入持续高位、主要依靠强大的研发能力来满足科创板 IPO 的条件。

对于发行人来说，没有多少收入更没有利润，要满足科创板 IPO 的要求，除了相对比较虚幻的预计市值之外，最值得信赖的且相对还有点客观性的指标就是研发费用支出。本案例发行人，研发支出最大的比例竟然来自实际控制人自己控制的企业的委托研发协议，足足有 1.5 亿元。这个受托机构本来是实际控制人自己控制的，后来还把股份 51% 通过增资的方式转让给发行人，这样受托机构成为发行人实际控制的公司，可是这又解决了什么问题呢？发行人自己内部空转的研发费用，对企业真正的研发有什么意义呢？不管有没有意义，反正实际控制人这种操作还是让人看得有点不明所以。就这 1.5 亿元的委托研发费用支出，实际控制人不仅可以体外拿到 49% 自由发挥，51% 还能用来做大发行人的研发费用实现科创板 IPO 上市。天底下怎么那么多好事都让你一个人占了！这也是小兵与很多企业家沟通的时候最愿意说的一句话。

基于上述情况，现场督导将保荐人对发行人委托研发支出的核查情况作为督导事项之一，发现保荐人执业存在以下问题：

1. 委托研发的定价及协议签署方面。从合同定价来看，委托研发金额远高于同行业公司披露的获取同类技术所需投入。从委托研发成果相关权利义务约定来看，研发形成的零部件知识产权归属于 E 公司，且双方未就委托研发失败的责任承担及相关处理方式进行明确约定。

2. 委托研发的成果交付及款项支付方面。从成果交付来看，根据委托研发合同约定，E 公司需要向发行人交付设计报告、技术方案、生产工艺流程图、测试记录等研发成果，保荐人仅核查了 E 公司向发行人交付的用于汇报研发进展的 PPT 材料，未充分关注委托研发成果的交付内容是否与合同约定一致。从知识产权申请来看，E 公司及发行人均未就相关研发成果申请专利，保荐人未充分关注委托研发项目结束后长时间内未申请专利的合理性。从款项支付进度来看，发行人在合同签署后 3 个月内已对 E 公司支付超过 9000 万元的合同预付款，付款进度明显早于合同约定的基于研发里程碑节点的付款进度，保荐人未予以充分关注。

3. 委托研发支出的主要用途方面。发行人对 E 公司的委托研发支出中，E 公司的研发领料占比较高，E 公司的研发产线于报告期最后一年才完工投产，完工前研发领用的材料均运送至外部实验室进行设计加工、验证测试等工作。从委外实验来看，在 E 公司研发产线完工后其委外实验费并未减少。从领料记录准确性来看，保荐人披露的研发领料金额与督导期间提供的研发领料明细表金额差异较大，保荐人未能提供相关差异原因及调整记录的核查底稿。从领料去向来看，E 公司研发领料去向均为过程损耗及报废，保荐人未充分核查相关材料耗用金额、报废数量、废料处置收入与研发领料的匹配关系。

小兵评析

基于对上述发行人委托研发整体情况的认定，基本上可以判断这是一个虚构研发费用满足科创板 IPO 条件的典型案例，具体操作上不管怎么美化、怎么掩饰，基本上也不能改变事项本身存在重大违规的事实。

具体来说，现场督导总结的几个核查思路，值得我们借鉴学习：

1. 协议金额远高于同行业平均水平，且发行人花了钱，而最终的研发成果竟然归属于受托人，发行人啥也没占着。

2. 合同金额一共 1.5 亿元，签订协议 3 日内就支付了 9000 万元，支付 60%，协议支付进度不符合基本的行业惯例和商业逻辑，显然存在重大疑问。

3. 因为这个委托研发本身就是虚构的，所以关注研发资金具体的支出和用途基本上也就没有任何意义。

二、某创业板案例：将研发人员数量作为"三创四新"认定标准存疑

招股说明书（申报稿）和审核问询回复显示，报告期内发行人研发投入分别为1350万元、1381万元和1485万元，研发人员保持稳定，人员占比约为12%。发行人将上述情况作为论证符合"三创四新"的依据之一。

现场督导发现，发行人将从事会计、人事等工作的19名人员计入研发人员，但未能提供上述人员参与研发工作的充分证据。剔除前述19名人员后，研发人员占比下降为7.86%。发行人关于研发人员人数及占比的信息披露不真实、研发人员薪酬归集不准确，关于"三创四新"的论证依据不准确。

小兵评析

单纯从IPO审核规则的角度来说，具体到研发投入这样一个具体的标准，发行人每年1000多万元、三年累计4000万元以上的金额，基本上也是满足创业板的审核要求的，完全没必要将研发人员的数量和占比作为另外一个依据。当然，如果发行人研发人员真的很多且都是高精尖人才，那么作为公司研发能力辅助的证据自然也是非常好的尝试，只是因为现场督导发现人员认定有重大瑕疵，那就有点得不偿失了。从这个角度来说，小兵觉得这个问题，项目组的责任更大一些，完全没有必要画

蛇添足。还有一个细节，如果你觉得研发投入的金额不是很高，想用研发人员的数量很多占比很高作为发行人创新性的另外一个依据，那么会不会导致研发人员的人均薪酬又比较低呢？解释起来又会自相矛盾。

三、福特科：研发人员认定存在重大疑问

1. 发行人于 2020 年 12 月 31 日、2021 年 6 月 30 日在册的 160 名、170 名专职研发人员中，分别有 18 名、21 名员工存在异常情况，包括已从发行人离职、专职研发人员从事非研发活动、不了解所从事研发项目的基本情况等，如研发部门统计员实际从事前台工作、西餐烹饪专业人员从事生产部门领料工作等。

2. 发行人缺乏基础数据，难以准确定量测算研发人员异常对研发费用的影响。

3. 发行人存在研发固定资产与生产固定资产混同的情形，如研发固定资产台账中的三台精磨机及一台抛光机实际由生产部门使用，研发固定资产中的喷漆废气净化装置、中央冷水机组等实际是为生产车间整体提供服务的辅助设备。

4. 报告期内发行人及其子公司存在非研发人员进行研发领料活动，非研发人员领用的材料是否用于研发项目无法追溯。

> **小兵评析**
>
> 　　这个案例属于一个经典的现场检查的案例，更加值得关注的是，这个企业是在 IPO 注册阶段被现场检查的。这个案例没有太多可以分析的，就是现场检查中发现在认定研发人员的时候，将实际上从事前台、西餐烹饪工作的人员也认定为研发人员，并且将相关的薪酬计入研发人员。

《监管规则适用指引——发行类第9号：研发人员及研发投入》（以下简称《发行类第9号》），对研发人员认定以及研发费用归集问题做了进一步明确和指引，与这个案例有直接的关系。

科创板研发人员占比10%是科创板IPO的发行条件，是一个红线问题。从这个角度来说，科创板研发人员真实性与创业板重要性不一样，研发人员虚假会影响研发投入。创业板的研发投入也是发行条件，但研发人员薪酬一般不会受到重要影响，除非研发投入金额也精准踩线达标，如果扣除几个人员的工资，就不符合发行条件了。

福特科专职研发人员占比10.21%（算上兼职研发人员占比高些，也不过12%左右），专职研发人员精准达标，简直是与监管招手：快来检查我。不过，当时并没有专职研发人员以及兼职研发人员怎么界定的明确规则，也正是这个案例，推动了《发行类第9号》的发布，把专职、兼职研发人员进行了明确（全时、非全时研发人员），包括如何认定研发人员、如何将薪酬计入研发投入。这个案例为《发行类第9号》的出台提供了很典型的案例支撑，包括明确前台不能作为研发人员，也来自这个案例。

第四节 其他对成本影响的情形

一、嘉禾生物：发行人境外存货的真实性存疑

报告期内，发行人从境内通过海运发往美国子公司且截至2021年年末未到达子公司仓库的存货（以下简称"海上漂"存货）大幅增加，从780.91万元增长至12,155.42万元，2021年年末"海上漂"存货中绝大部分截至2022年5月底仍未实现销售，与同行业可比上市公司在2~3个月完成销售的惯例不一致。此外，保荐人及其聘请的第三方均未对抽盘时已入库的"海上漂"存货执行监盘、抽盘、抽样送检等程序。发行人境外存货账实不符。督导组对境外存货执行双向抽查，发现存在账实不符的情形。

> **小兵评析**
>
> 关于这个案例，现场督导主要发现了两个核心问题：一个是我们已经分析的境外部分客户销售的真实性存在重大疑问，另一个就是发行人的境外存货的真实性同样不值得信赖。显而易见，这两个问题是相辅相成的，体现了一个问题的两个方面。
>
> 在这个案例中，正式提出了一个"海上漂"存货的概念，而在特殊时期中介机构无法进行实地走访和现场核查的情况下，这样的存货如何保证真实性和准确性，显然谁也没有十分的把握。尽管中介机构聘请了境外第三方机构，仍旧没有核查出问题。

现场督导组通过发行人内部的财务系统发现"海上漂"的存货大部分根本就没有实现销售，同时通过境外存货的双向抽查验证发现了账实不符的情形，而这些问题的发现，同样也是建立在没有去境外实地核查的前提下。这个案例给予我们一些借鉴：对于境外客户的核查，实地走访和现场盘点是 IPO 财务核查非常重要且有效的手段，但是也不应该完全信赖这些方式，更不能让这些核查完全成为一种形式和仅仅为了满足一个核查比例。此外，除了实地走访，其实还有很多有效的核查手段可以作为替代措施，彼此有效验证，关键是中介机构是否勤勉尽责，是否真正将核查手段完全执行到位。

二、科拓股份：固定资产折旧政策不谨慎

发行人披露，其提供智慧停车运营管理服务需投入运营设备，因此营业成本包括设备折旧成本等。发行人设备折旧成本按设备账面价值除以折旧年限确定具体金额。发行人以"合同期限与 5 年孰短原则"确定折旧年限，其中合同年限为发行人与管理方签订的相关合同年限。经查得知，发行人智慧停车运营管理服务合同管理不规范，确定的固定资产折旧年限不准确：第一，报告期内发行人实际存在约 120 个项目因管理方丧失经营权、客户购买设备、政府政策等原因而提前终止，导致实际运营期限短于合同期限，但发行人仅披露 1 个提前终止项目。第二，在发行人与管理方签订的约 2300 个合同中，约 2200 个合同未取得管理方与业主方的合同期限信息。第三，约 20 个合同中发行人与管理方约定的合同期限，长于管理方与业主方的合作期限。第四，发行人采用的"合同期限与 5 年孰短原则"的折旧政策未考虑上述情形对各期折旧金额及成本的影响，固定资产折旧政策不谨慎。

> **小兵评析**
>
> 从单纯固定资产折旧政策来说，5 年和合同年限孰短的原则来确认折旧金额从而计入营业成本是没有问题的，问题在于：（1）发行人很多与客户签署合同的年限没有明确的约定。（2）更加关键的是，很多项目已经提前终止了，未来都不可能实现收入，这时肯定是要将固定资产的余

额全部计入成本，而不是按照固有的会计政策计提折旧，这个问题才是核心和关键。从某种意义上来说，这个问题关注的本质并不是折旧政策是否合理和审慎的问题，而是发行人成本核算是否准确完成，是否存在推迟确认成本的问题，这个问题是直接影响当期损益的。

三、北交所某项目：保荐机构对 B 公司存货真实性核查不充分

报告期内，B 公司存货金额较大且库龄较长，其中库龄 1 年期以上存货占比接近 50%，远高于可比公司，审核中关注 B 公司存货的真实完整性。

现场督导发现，B 公司生产过程中会产生部分低值试制产品及边角料（合称低值尾货产品）。截至报告期末，B 公司共有长库龄（3 年以上）低值尾货产品 708.33 万元，B 公司并未将上述低值尾货产品随生产过程转入成本费用，而采取了长期留库的方法进行会计处理，涉嫌少计当期成本费用。

> **小兵评析**
>
> 这个案例涉及的存货问题其实很简单，甚至没有任何争议。这个问题其实就是本来应该计入当期成本的一些废料和试制产品长期挂在存货，账龄长达 3 年以上，实在说不过去。这样的问题，会计师和保荐机构但凡有一点职业敏感性，都应该要求企业进行账务调整，而不是长期挂账，这与推迟确认成本或者虚减成本的本质没什么区别。当然，如果企业将这些存货的成本计入当期，发行人净利润可能就不符合基本 IPO 条件；企业就想冲一下，果真如此，那就是另外一个性质了。

第三部分
大额资金异常往来

一、真美食品：涉嫌通过虚假采购套取资金用以虚构回款

A、B、C 公司均为发行人重要供应商。2017—2020 年，发行人对前述三家公司合计采购金额分别为 6926.01 万元、4441.96 万元、989.04 万元和 1528.76 万元。

> **小兵评析**
>
> 在收入真实性和准确性部分，我们已经分析了这个案例，主要是分析发行人部分客户的销售真实性存在疑问，并且通过在建工程虚构体外资金循环的情形。而在这里，我们将重点分析发行人通过虚构的或者关联方的采购将资金循环出体外，从而为销售造假的情形提供资金上也是最重要的闭环。本案例属于典型的通过供应商将资金进行体外资金循环的案例，因而在资金循环这部分给大家介绍。
>
> 企业通过虚构采购套取资金，目的是将资金转移至体外，用以虚构销售回款。在财务造假过程中，虚增资产是"副产品"，不是目的本身，最终目标是让虚构的收入在资金层面形成"闭环"。企业会通过虚增各种资产（存货、固定资产、预付账款、金融资产、股权投资、委外生产成本、在建工程）套取资金，进而将资金转移至体外，用以虚构销售回款。

现场督导发现，发行人对前述供应商采购存在异常：

1. 采购预付款存在异常。报告期内，发行人持续对三家公司支付大额

预付款，合计金额 3300 余万元，对前述流出资金是否存在体外资金循环等，保荐人未能提供客观证据予以合理解释。如发行人对 A 公司预付账款余额较大，且在未与 A 公司签订采购订单、无原材料入库的情况下，仍继续向 A 公司转账。

> **小兵评析**
>
> 　　由于供应商的特殊性以及配合发行人财务造假的便捷性，在 IPO 财务核查中，一般情况下都会对供应商的预付账款进行重点关注。如果发行人预付账款金额突然大幅增加，那么必然关注资金的流向以及是否存在资金体外循环的情形。在没有签署采购订单也没有原材料入库的同时，却存在大规模预付款支出的情况下，通过预付的资金进行业绩造假或者体外循环的可能性就很大。在这个案例中，最典型的就是这个问题关注的供应商重庆丰都。2020 年一季度，重庆丰都成为发行人新增供应商后，发行人即向其采购 225.13 万元原料肉，并持续向其转账，全年共计 1602.68 万元，2020 年期末预付余额为 655.18 万元。

　　2. 异地仓库原材料管理存在异常。发行人向 C 公司（位于我国中部）等供应商采购原材料后运往供应商 B 公司（位于我国西南部）仓库寄存，需要时再从 B 公司仓库运回其生产经营地（位于我国南部）。发行人未能提供异地仓库的租赁合同，以及将原材料从 B 公司仓库运回的物流单据。此外，保荐人异地仓库盘点照片显示，C 公司原材料的包装显示为 B 公司。

> **小兵评析**
>
> 　　小兵根据地图简单测算了一下，C 公司所在地距离 B 公司有 800 多千米，而 B 公司距离发行人生产经营所在地有 1600 多千米。发行人所需的原材料并不是什么稀缺品，对于仓储和运输也没有特殊的规定和天然的障碍，而发行人原材料采购和仓储却不辞辛苦跑遍了大半个中国，怎么说也没法解释合理性。当然，这只是合理性的疑问。相关仓库的租赁合

同、租金支付的凭证、相关原材料运输的物流凭证都缺失，就说明财务核查形同虚设，再加上 C 公司的原材料包装显示的是 B 公司，基本上可以判断发行人的财务数据存在重大疑问。

3. 采购业务单据缺失。发行人披露，其采购、生产、销售全流程可追溯，但发行人供应商送货单缺失、领料单信息缺失，无法追溯至每个供应商、每批次原材料的生产耗用情况，无法准确核查期末存货库龄信息。

小兵评析

某些单据不规范、偶然的单据缺失，都可以理解为公司内控的一些小瑕疵，是可以理解且容忍的，前提是没有影响对于公司财务数据真实性和合理性的判断。单据的大规模缺失，尤其是一系列的系统性的单据凭证的缺失，就不能认定是简单的内控不规范的问题。

对于本案例发行人来说，如果真的存在业绩调节甚至虚构的可能，那么只能是先保证数据的合理性和完整性，至于其他证据链条上的资料暂时无暇顾及。对于中介机构在 IPO 实践中的核查效果来看，很多时候财务核查流于形式，甚至不排除默认企业进行业绩调节的可能。当发行人作为第一信息披露责任人的责任缺失，中介机构的核查能力和核查效果无法保证的时候，IPO 现场督导的威力体现出来，甚至根本就不用费太多功夫，就能将这种拙劣的甚至流于表面的业绩调节行为看得一清二楚。

4. 采购发票日期异常。发行人向 A 公司采购的发票日期早于合同签订日期和到货日期，2017—2019 年，涉及该情形采购金额合计为 2536.49 万元。

5. 发行人与 C 公司存在疑似关联关系。C 公司工商登记的联系电话和邮箱均与发行人 D 分公司相同。

> **小兵评析**
>
> 关于前五大供应商湖南长盛：(1) 发行人 2017—2020 年各期末对湖南长盛均存在大额预付款，2018 年发行人向湖南长盛转账金额较其当年采购金额高出 847 万元。(2) 工商登记信息显示，湖南长盛联系电话、邮箱与发行人韶山分公司的电话、邮箱一致。

二、乔合里：实际控制人可能控制他人银行卡，且存在大额异常资金往来

（一）发行人实际控制人可能控制他人银行卡

现场督导发现，2020年5月，发行人实际控制人等5位股东缴纳股改个人所得税款约300万元，来源以实际控制人表兄及其配偶名义开立的两张银行卡。发行人解释，前述资金往来系实际控制人表兄及其配偶向实际控制人等股东提供的借款，但截至2022年2月尚未归还。

经查发现，发行人实际控制人可能控制前述两张银行卡：一是前述两张银行卡交易特征相似。两张银行卡均在报告期内开户且时间仅相隔5天、与相同对手方在相近时间交易，并均在同日向发行人5位股东转账用于缴纳股改个税款。二是实际控制人夫妇存在使用前述两张银行卡的迹象，多次用于支付实际控制人的个人消费及其子女的学费。三是前述两张银行卡与实际控制人夫妇本人开立的银行卡，在相近时间与相同人员发生资金往来。

小兵评析

这个案例第一眼看起来话题性还是很强的，一个是实际控制人直接控制别人的银行卡，另一个是这个银行卡与供应商以及其他股东有着大额的异常资金往来。如果不仔细分析具体的内容，可以基本判断发行人的财务数据真实性存在重大疑问，内部控制措施存在重大缺陷，中介机

构的相关核查工作也没有完全到位。不过，如果认真研究一下披露的信息，或许问题也并没有那么糟。

实际控制人表兄及其配偶的两张银行卡，怀疑实际上就是实际控制人控制的银行卡，督导组也列示出了很多证据，小兵觉得证据很充分，结论也比较明确，就是实际控制人。关于银行卡帮助5个股东缴纳个税的问题，发行人解释是实际控制人的借款，小兵觉得这个大概率就是为了圆一个谎言只能再编造出一个谎言出来。

如何看待这个问题，我们不妨换一个思路和角度。如果我们就认定，这两张银行卡其实就是实际控制人为了使用方便，以表兄及其配偶的名义开立的呢？简单来说，卡就是实际控制人开的，只是用了别人的名义。这种情况在实践中还是比较常见的，以财务的名义、司机的名义、亲属的名义、销售人员或者采购人员的名义，开了很多卡，其实都是为了实际控制人使用和服务的。从企业的实际控制人和高管的角度来说，这么操作可能也真的没有太多别的歪心思，就是一种使用习惯或者方便而已。

如果我们接受这个事实，那么这两张银行卡就视同实际控制人的，全部纳入银行流水的核查范围，有问题解决问题，有异常核查清楚，问题也并非想象的那么不能解决。现在被认定是实际控制人涉嫌控制别人的卡，这个问题的广度和宽度就给人无限的想象空间了。

当然，也不排除有另外一种可能，实际控制人就是想用这两张银行卡进行一些特殊操作，并且要让别人认为这两张银行卡与自己没关系，就是表兄及其配偶的，那就是另外一个思考维度了。至少从目前披露的信息来看，这一种可能并没有非常明显的痕迹和证据。

在IPO审核实践中，有一个很有意思也非常重要的观点，希望引起足够的重视，那就是：同样的一个事实，在中介机构操作下可以得出完全不同的甚至毫无关联的结论，而这样的结果会直接影响IPO的进程和结果。这个案例中，如果小兵分析的是事实，那么中介机构最终认定的结果就完全偏移了真相的方向，为了隐瞒而隐瞒，为了一个谎言可能要用更多的谎言去圆，如果被核查出来，那么就会上升到实际控制人的诚信问题，这对企业发展是大忌，对于IPO更是如此。

在这个案例中，据说有非常专业的经验丰富的人士帮助企业进行各种包装，规避各种监管，设计了很多IPO的套路，显然最终的结果与预期背道而驰。此外，在近年财务造假案例中，出现了一个IPO造假的新业态：很多会计师事务所的团队下海，当起了职业造假顾问（以财务顾问名义），构成财务造假新趋势，也对未来IPO财务核查和现场督导提出了更大的挑战。

最后，借着这个案例我们还需要充分反思的是，交易所现场督导组发现的如此明确的、清晰的、异常的银行卡的情形，为什么项目组没有发现？甚至等督导组发现了之后，发行人和项目组都不能给出一个合理的解释？单纯从问题本身来看，小兵觉得是可以解释的，实践中也有合理的理由，甚至解释清楚了都可能不影响我们对于发行人财务数据真实性的判断。到督导结束都没有合理解释，那么到底是发行人真的存在很大的问题，还是中介机构根本就是自己工作没到位？不管怎样，我们应该为交易所的现场督导工作点赞，不论是为了IPO注册制改革能够筛选更优秀的企业上市，还是为了更好地监督中介机构勤勉尽责。

（二）发行人实际控制人可能控制的个人卡存在大额异常资金往来

现场督导发现，前述两张银行卡与发行人供应商的实际控制人、发行人股东等存在大额异常资金往来：

一是前述两张银行卡与发行人供应商实际控制人存在大额异常资金往来。如发行人于2019年9月向第一大供应商支付约350万元货款，同期前述银行卡收到该供应商实际控制人相同金额的转账。

二是前述两张银行卡除存在向发行人股东转账，用于其缴纳股改个人所得税 300 万元外，发行人核心员工在缴纳约 70 万元股权激励款时，也收到前述银行卡相近金额的转账。

三是前述银行卡与多位其他自然人存在大额资金往来。经统计，报告期内，剔除对同一对手方一进一出的金额，前述银行卡分别累计转入约 2100 万元、400 万元，累计转出约 2000 万元、390 万元。

小兵评析

前面我们已经分析过，如果这两张银行卡就视同实际控制人自己的卡，那么上述举例的（当然不包括全部）大额异常银行流水的情形，实际上也可能有一定的合理理由：

1. 是不是实际控制人通过供应商占用了发行人的资金呢，如果是这样，就可以认定是资金占用归还。

2. 缴纳个税的问题，也认定为实际控制人帮助股东一起缴纳个税，不存在什么借款不借款的问题。

关于实际控制人与其他自然人的银行流水，看起来金额很大，超过 2000 万元，不过看转入和转出的频率和金额，对于一个拟上市公司的老板来说，日常与一些朋友或者其他人进行资金拆借、流转或者其他合作也算是正常的事情。

综上所述，小兵觉得上述异常资金往来是可以解释的，也可以找到合理的理由和证据，至于为什么没有解释，那就不知道了。不管银行卡到底是如何定性又是怎样的事实，最终要核查的目标和本质还是发行人是否存在体外资金循环的问题，以及发行人的财务数据是否值得信赖。

三、正业设计：实际控制人大额分红款去向存在异常

报告期内，发行人主营业务毛利率为40%～60%，较同行业公司毛利率高约10个百分点。发行人实际控制人甲报告期内累计从发行人处获得分红款约8000万元，后持续大额取现1500万元，并向其弟乙转账2380万元。发行人解释称，前述取现和转款为甲向乙提供的借款，用于乙经营粮食购销业务。

> **小兵评析**
>
> 虽然说目前IPO财务核查中对于发行人相关人员银行流水核查的范围和深度仍存在一些争议，不过通过银行流水核查能够找到很多可能导致财务数据失真的线索甚至证据也是不争的事实。从现在的IPO实践来看，对于发行人实际控制人、董监高以及成年直系亲属的银行流水核查是必需的，如果存在以下事项，那么不仅要全面核查，更要重点关注银行流水后续的验证；验证是否合理真实，是否保持足够的审慎。具体情形如下：
>
> 1. 发行人某些财务指标异常，与同行业可比公司差异较大，如毛利率奇高，期间费用率远低于同行业等。
>
> 2. 发行人在报告期内甚至历史上存在大额分红，实际控制人获得大额的分红款。

3. 实际控制人或者其他人员存在大额取现的情形，在目前银行和手机结算如此普遍的情况下，如果存在大额现金取现务必引起重视。

4. 实际控制人大额的银行流水的往来并不能得到一个充分合理的解释，也不能找到足够客观权威的证据去证明。

综上，显而易见，这个案例几乎无缝对接、完全满足上述所有的情形，因而必须重点核查银行流水的合理性，或许这也是这个 IPO 被启动现场督导的重要原因之一。

现场督导发现，发行人实际控制人大额分红款去向异常：

1. 大额取现行为异常。甲取现的 1500 万元并未直接存入借款人乙银行账户，且同期乙银行账户亦发生大额取现合计 1890 万元，甲、乙二人合计取现 3390 万元，取现金额大且行为异常。

小兵评析

发行人解释，实际控制人 1500 万元的取现是对自己的兄弟借款，而借款为什么就不能直接转账而非要取现呢？就算兄弟是做粮食收购业务的，现在用现金直接结算的情况也不多了。更加关键的是，实际控制人取现之后并没有及时存到兄弟的账户，同时兄弟的账户也取现 1890 万元。这些合计 3390 万元直接取现的资金到底最终用途是什么？或许我们心里都能了解一些，显然发行人的解释也不是那么充分。

2. 发行人相关解释缺乏充分客观证据支撑。发行人未能提供甲、乙签订的借款协议；而且，发行人解释甲、乙二人取现的 3390 万元现金全部用于乙现金收粮，但乙未能提供经营粮食购销业务相关的账簿、交易凭证等文件，保荐人在核查过程中未对粮食执行存货监盘程序，亦未获取进销存相关凭证，仅通过口头了解和估算论证资金流的合理性。

小兵评析

　　小兵在以前的分析中一直强调，对于银行流水的核查和验证，一定要找到尽量客观的、证明效力强的证据。这个案例中，对于借款，几乎没有任何凭证，只凭当事人的论述和解释。根据行业的内部人士介绍，就算是大额的粮食购销业务，基本上也会有完善的购销记录台账以及存货的管理数据等。如此大额的现金支出，仅仅是没有保存相关凭证，粮食卖了更无法相互核查验证了，如此简陋且不堪一击的解释理由和客观依据，显然不能让审核机构认可。

四、生泰尔：发行人销售人员存在大额异常资金往来

发行人销售人员与发行人客户、发行人销售人员与发行人其他员工之间存在大额异常资金往来。如发行人10名销售人员报告期内向发行人客户转出资金合计3236万元，且部分资金流水摘要出现"发行人及其产品"字样；此外，发行人4名销售人员报告期内大额取现合计1045万元。对此，发行人和保荐人均未能提供合理解释。

小兵评析

上一个案例对于个人银行流水的核查，其核查对象主要还是限定在实际控制人以及董监高等，而这个案例却是发行人的销售人员存在大额的异常资金往来的情形。实践中，除了销售人员，采购人员和财务人员也是大额资金流水发生异常的易感人群。为什么会这样？显然是因为这三类人员身份相对特殊，如果要进行一些业绩调节或者体外资金循环，这些员工操作起来更加便捷且隐蔽一些。

在银行流水核查中，基于实际控制人以及某些核心的董监高特殊身份以及日常的一些工作生活需要，大额的资金往来可以理解且接受，甚至某些资金往来没有非常充足客观的依据，特殊情况下也可以理解且接受。但是，公司的普通员工如果存在大额的资金往来或者取现，根本就没有解释的可能了。

具体到本案例发行人，发行人的销售人员与发行人的客户存在超过3000万元的资金转出，并且某些银行流水摘要直接与发行人有关，此外还有1000多万元的取现。作为一个普通的销售人员，根本没有任何合理的因素可以解释需要如此大规模的转账或者取现。上述因素组合在一起，关于问题的定性，大家也可以有一个自己的判断了。

五、亚洲渔港：重要供应商向发行人员工大额转账

  大连兴强、东港富润、大连港铭是发行人主要代工供应商，主要为发行人供货。上述代工厂毛利率较低，净利润为负。报告期内，大连兴强存在向发行人员工支付大额款项的情形，合计 7276.44 万元；东港富润在收到发行人款项后存在大额取现情形；大连港铭的资产来源于发行人子公司，且其实际控制人系该子公司原生产经理，大连港铭未提供资金流水。

小兵评析

  这个案例也算是 IPO 实践中关于银行流水核查比较特殊的一个案例，从另外一个角度来说，也非常典型。在很多 IPO 财务造假的案例中，都出现了供应商的身影，这个情形在实践中也很好理解。毕竟，目前多数交易都是买方市场，如果发行人需要供应商来进行一些资金流转甚至有关利润的操作，供应商基于不失去重要客户的考量，一般也会积极配合。

  具体到本案例，发行人的三个供应商主要就是为发行人供货，那么发行人就是供应商最大的依靠，这样的话，供应商如果真要协助发行人进行一些操作，不管是主观还是客观，供应商好像都没有其他更好的选择。从供应商与发行人员工超过 7000 万元的银行流水异常交易来看，普

通员工和供应商之间如此大规模的资金流水，基本上也无法作一个合理的解释。更何况，后续还有大额取现的情形，而且这些供应商本身也与发行人存在千丝万缕的隐形关系。

第四部分
内控有效性与财务规范性

第一节 资金管理内控问题

一、北农大：存在大量代管客户银行卡的情形

发行人报告期内存在大量代管客户银行卡的情形，代管银行卡销售回款金额约9000万元。保荐人仅实际获取并核查约35%的代管银行卡，且销售回款资金来源难以确认，银行卡数量和资金来源完整性、准确性存疑。

> **小兵评析**
>
> 这个问题对应的是发行人在IPO审核未通过时关注的第一个最核心关键的问题：报告期内发行人存在代管客户银行卡并通过POS机刷卡大额收款的情况，通过代管银行卡合计收款4104.77万元。现场督导发现，发行人持有的82张代管客户银行卡中仅有29张能获取银行流水，且其中23张代管卡存在较大比例非客户本人转入资金或者无法识别打款人名称的情形。根据保荐人补充统计，对于上述23张代管卡，2017—2020年回款金额合计为4010.66万元，通过银行流水核查能确认资金来源于客户本人的回款金额为1272.78万元，占比仅31.73%；结合现场督导情况，关注发行人相关收入的真实性、会计基础的规范性、信息披露的准确性。
>
> 这个问题先不说性质，单说一点，既然是发行人代管客户的银行卡，怎么可能会拿不到流水呢，都是自己控制的账户，拿不到流水不那么现实，既然拿不出来，那就必然有理由怀疑你的流水是有问题的。因而，在最终否决意见中，直接关注到发行人收入的真实性问题。

二、科隆新能：通过供应商占用发行人资金，且解决方案存疑

报告期内控股股东存在通过供应商占用发行人资金等情况，发行人的内控是否健全并有效执行。

控股股东通过发行人供应商给发行人提供工程劳务的方式，解决其前期占用发行人资金事项，但相关工程项目未聘请监理公司、无工程施工进度报告或工程量清单、内部单据未记录具体的施工进度或材料到货情况，相关内部控制存在缺陷。

小兵评析

报告期内存在资金占用问题，这在 IPO 审核实践中是非常普遍的。根据审核标准和上市条件，只要报告期内选择一个基准日彻底解决，并且完善内控措施保证以后不再发生类似的违规行为就可以了。本案例本来也就是一个寻常的控股股东占用发行人资金的事项，最终却成为一个异常的并非那么典型的反面案例：发行人解决资金占用的方式不简单，竟然是控股股东通过发行人供应商向发行人提供莫须有的工程劳务的方式解决。

发行人的逻辑是，控股股东通过供应商占用了发行人资金，让供应商以劳务偿还，类似吃了饭不给钱，在饭店当服务员洗盘子作为劳务抵债。劳务抵债的核心是，劳务是否真实提供，如果确实提供劳务，那就

要关注劳务公允价值，这个劳务到底值多少钱，是否足够偿还占用资金。实务中，劳务是无形的，无法资本化存储，发行人取得劳务与消耗劳务是瞬时发生的，留痕的证据少、事后可伪造性强、公允价值判断难，所以实务中很少有通过所谓劳务抵债方式来偿还占用资金的，因为核查不清楚、被操纵风险又大。

如果仔细研究这个问题，还是有一些严重的问题，说得严肃一点，这就是重大虚假信息的披露了。简单来说，就是：控股股东本来占用了发行人的资金，然后控股股东就让发行人的供应商向发行人提供工程劳务，发行人向供应商付款，再通过控股股东偿还发行人资金。问题是，工程劳务几乎没有任何凭证，也没有相关内容，很可能就是虚构的工程劳务，果真如此，那么控股股东解决资金占用的方式就是虚构的，那就是根本没有解决问题，甚至通过这种方式虚构了发行人的费用，实现了向控股股东的利益输送。果真如此，那么发行人的内控形同虚设，发行人的财务数据也不值得信赖，中介机构的执业质量也存在很大问题。

三、天威新材：报告期内存在个人卡代收货款押金等不规范情形

招股说明书（申报稿）披露，报告期内发行人存在通过员工个人卡代收付款的情形，主要为2017年、2018年发行人子公司负责人通过其个人卡代收货款438.51万元、83.46万元。

现场督导发现，除上述披露情形外，发行人报告期内持续存在个人卡代收货款押金等内控不规范的情形。2017年至2020年6月，该子公司负责人与发行人客户实际控制人持续存在资金往来，通过其个人卡收款303万元、支出309万元。经现场督导后问询，发行人回复称相关资金为客户实际控制人以个人名义支付的货款押金。

小兵评析

关于员工个人卡代收代付款的情形，在IPO审核实践中也算是一个非常普遍且有着完善的解决思路的问题，不算是什么特殊典型的问题。发行人关于这个问题从披露的信息来看，性质也不是那么严重，也基本上不影响对财务数据的判断，只是有几个小的瑕疵，这里简单总结一下，给大家一个提醒：

1. 发行人原本在报告期前两年存在个人卡收款，金额不算很大，自己披露已经彻底解决，至少保证报告期最后一年和最后一期是规范的、没有任何代收款情形了。这也是最普遍的解决方案，也符合IPO的审核

标准。不过，现场督导发现，发行人这个问题并没有彻底解决，在解决完问题之后仍旧还存在个人卡代收代付款的情形。

2. 发行人员工用个人卡与客户的实际控制人持续地进行资金往来，发行人回复解释是员工收的客户通过个人卡支付的货款押金。这样的情形，在报告期最后一期仍旧存在，显然是IPO项目中的大忌。问题解决了，那就彻底解决且以后不能再出现，如果后续再发生类似情形，不管多少金额，都算是一个性质问题。因而，在IPO实践中，对于已经解决的内控瑕疵问题，保荐机构一定要持续关注且时刻提醒发行人注意，一定不能再犯同样的错误，不论金额大小、频率如何，都直接影响问题解决是否彻底以及企业是否诚信的重大定性问题。

四、福特科：发行人可能涉嫌资金占用的情况

1. 2018年1月3日，三明福特科（发行人子公司）支付给福建京源（发行人在建工程承包商）建设工程款596.96万元，账面记载为在建工程预付款，1月4日，福建京源将其中515万元转至福州丰吉（发行人客户），福州丰吉将其中499.55万元转入华旭光电（发行人实际控制人罗某某和黄某某共同控制的企业），华旭光电将转入的499.55万元记录为预收货款，但其与福州丰吉签订的销售合同中有359.94万元实际并未执行，对华旭光电认为已经执行的139.61万元，其无法提供交易的外部物流单据。

2. 2018年10月24日、11月2日以及11月6日，三明福特科向关联方集龙科技（发行人实际控制人黄某某控制的企业）支付的设备采购款合计330万元，于同日被转至发行人实际控制人黄某某银行账户，根据发行人提供的该项采购设备清单监盘抽查，抽中的35台设备中33台未粘贴资产标签且发行人陪同员工明确表示该35台设备系自研而非外采，另外，该项采购交易无外部物流单据，内部单据间隔时间超过一年，集龙科技与三明福特科发生该笔采购交易后，于2018年年末即停止实际经营，未再发生任何经营活动。

3. 2019年5月6日，三明福特科向供应商福州万升支付设备采购尾款34.71万元（设备采购总价款为347.14万元，2017年12月22日支付90%款项，本次系支付10%尾款），2019年5月10日福州万升将其中20万元经北京牛犇智能科技有限公司（发行人北京分公司总经理牛某某实际控制的

企业)、牛某某、发行人员工陈某、集龙科技、福州万升五次流转，最终流向发行人实际控制人黄某某，该交易中部分设备存在公开报价，实际成交价格与公开报价差距明显，且该项设备采购内部单据间隔近两年，无外部物流单据。

4. 2018年1月23日、10月8日发行人分别支付给员工吴某某、黄宗某备用金15万元和23万元，前述资金分别流向发行人实际控制人罗某某之姐罗小某建设银行尾号为0419的账户（15万元）及集龙科技（23万元），同时经检查发现，罗小某建设银行尾号为0419的账户中多次出现罗某某个人消费记录。

小兵评析

股东或实际控制人占用发行人资金的情形，形式上都是占用了公司的资金为个人所有，如果从本质上来判断，实践中还会有两种典型的情形，而这两种情形的性质、影响程度存在重大差异：（1）实际控制人明确表示占用了发行人的资金，也承诺后续会及时偿还占用的资金。（2）实际控制人就是想从发行人转移资金出来，并且要通过各种架构的操作、各种隐藏和掩护，将这种行为合法化，说白了，就是实际控制人将资金占用合法化；不承认是资金占用，自然也就不用偿还。

具体到本案例发行人，就是涉及我们提到的第二种股东资金占用的情形，通过各种中间人周转，也算是用心良苦。学习这个案例，我们可以了解实际控制人占用公司资金的各种路径，简直万花筒一般：

1. 发行人先是将资金支付给工程施工公司，然后施工公司支付给发行人客户，发行人客户再将资金支付给实际控制人控制的公司，这笔资金公司记录为预收账款。经现场检查发现，实际上发行人与这个公司根本没有任何交易。

2. 发行人以设备采购的名义向实际控制人控制的公司支付采购款，

同日公司就将资金转至实际控制人个人的银行账户。经现场检查发现，这笔 35 台设备的采购合理性存在重大疑问。

3. 发行人先是以设备尾款名义支付给供应商，然后资金转至发行人北京分公司总经理控制企业，然后又经过发行人员工等多次用心良苦的流转，最终转移到实际控制人的账户。经过核查，采购设备的合理性存在重大疑问。

4. 发行人以备用金的形式将资金转移给员工，员工又将资金转给实际控制人控制的账户。

这个案例是在注册阶段被证监会现场检查的一个经典案例，通过现场检查也的确发现了很多很典型且敏感的问题。比如，这里提到的实际控制人资金占用的情形，如果不是现场检查的核查手段，还真不一定能够发现。资金流水转了五道才回到实际控制人，如此复杂且隐蔽的操作的确给券商资金流水核查提出极大挑战，如果不是通过行政执法途径穿透核查资金流水，完全没办法查出来。从中介机构执业角度而言，正因为中介机构核查手段受限，如果发现发行人有资金占用、财务舞弊疑点，要更加小心审慎核查以及谨慎发表意见，不能简单看一下流水就发表不存在问题的意见；可能只是中介机构没发现，并不代表真的没问题。

第二节 财务规范内控问题

一、亚洲渔港：与销售和采购相关的内部控制存在缺陷

B公司与收入确认相关的原始凭证大量缺失。B公司销售模式多为客户自提，以客户提货人员在出库单上签字作为收入确认条件。B公司无法提供客户提货人员签字确认的出库单，对应的销售金额约占其2019年、2020年1—6月营业收入的80%、50%。

B公司与采购入库相关的原始凭证大量缺失。B公司使用第三方仓库保管存货，但未妥善保管仓库入库单等相关单据，无法提供的入库单对应的金额约占其采购总额的85%。

小兵评析

在IPO审核实践中，有一种很流行的说法：内控是个筐，啥都往里装。这种说法也在一定程度上反映了内控问题在IPO实践中的一个相对尴尬的情形。从财务核算和公司治理的角度来说，内控肯定是非常重要的事项，怎么重视怎么规范都不过分，这是企业稳定健康发展的保证和基础。从企业经营的角度来说，内控的很多措施和要求并不能直接创造利润甚至还影响业务发展，因而公司实际控制人一般不会主动重视内控。从IPO审核的角度来说，内控的审核没有明确的标准，很多时候都是含糊其词，只要发行人承认已经完善了内控措施，要想去真正核查是否到

位真的不容易或者工作量太大。内控问题一般不是 IPO 审核的红线，而很多时候一个企业 IPO 被否如果找不到真正的原因，又会直接归结到内控规范问题上来。

这里我们结合已经披露的一系列 IPO 现场督导案例，给大家总结一下内控规范方面存在的一些典型问题。这些问题并不涉及专业技术问题，也不需要进行更多的解读分析，如财务混同、岗位设置、凭证缺失等常见的规范问题，有着明确的标准要求如何规范如何完善，不涉及任何技术探讨和争议。

少量单据缺失或者存在异常，可以说是内控瑕疵问题；大面积缺失、异常，会直接导致对财务真实性的质疑。就算财务真实性不存在问题，因为无法核查验证其真实性，自我论证清白也变得困难重重。从 IPO 财务核查的角度来说，不仅仅要求财务真实，更要求有留痕、可验证的东西来证明财务是真实的。财务真实只是一个结果，而这个结果需要很多的因素和证据来验证，如果不可核查，对审核机构来说是不可接受的。

具体到本案例发行人，这个问题其实是以前分析的合资公司"海燕号"相关资金往来这个问题的延续。对于这样一个重要的合资子公司，销售方式主要靠自提，结果没有相关的凭证也没有出库单，采购入库原始凭证也大量缺失，显然无法为财务数据真实性和合理性提供足够的说服力。

通过学习这个现场督导的案例，我们可以知晓一个企业进行业务虚构和业绩造假隐含的思路和路径；其操作，形式上好像也完整合规，但经不起任何推敲和核查，在现场督导面前更是没有任何隐藏的可能。

二、北农大：会计与出纳大量混同

发行人存在通过员工个人卡代收货款、发行人及其子公司存在财务人员大量混同和岗位分离失效等内部控制缺陷。

小兵评析

会计、出纳不能混同，这是会计法的基本要求。企业这些问题是明显违法的，就算 IPO 现场督导没有提及，财政部门检查出来，也会严肃处理。

本案例发行人的情况是不是很严重，大家可以感受一下：

1. 发行人母公司及子公司共 22 家主体全部会计凭证中制单人为出纳的比例为 74.97%，审核人与记账人为同一人的会计凭证数占总会计凭证数比例为 98.26%。

2. 发行人全部会计凭证中制单人与审核人为同一人的占比为 13.79%，其中发行人母公司以及浙江金华北农大农牧科技有限公司等 4 个子公司的占比超过 30%。

3. 销售订单的制单人、审批人与出库单的制单人、签字人（即实际出库操作人）均为同一人，占比 64.15%。

4. 采购订单制单人与审批人为同一人，占比 99.11%；45 个样本采购入库单制单人与审批人为同一人，占比 40.18%。

三、天威新材：报告期内持续存在内控管理不规范的情形

招股说明书（申报稿）披露，发行人原董事周某某于2016—2019年在发行人处任职，离任前除正常履行其董事职责外，未担任发行人或子公司的高级管理人员职务，未负责发行人或子公司的具体经营事务。

现场督导发现，周某某在报告期内同时担任发行人董事以及发行人多个关联方董事、财务总监等重要职位，其在任发行人董事期间以及离任后，持续接受发行人董事长口头委托，审批需由董事长、法定代表人处理的客户信用额度、银行贷款、工商变更等重要经营管理事项共计125项。周某某任发行人董事期间履职超出其职责范围，与招股说明书披露的其离任前"未负责发行人或子公司的具体经营事务"不符；其离任后仍接受董事长口头委托审批发行人重要经营管理事项，发行人存在内控管理不规范的情形。

小兵评析

我们在公开披露的信息尤其是监管信息中，很少看到类似这样的问题和关注要点。并不是说这样的问题实践中不存在，只是这种单纯的经营瑕疵的问题或许是"每个企业都会犯的错误"，只要不突破影响财务数据真实性以及影响IPO的实质上市条件，一般也有一个相对较大的容忍度。

具体到这个案例在这部分提到的两个问题：

1. 发行人 IPO 申报应该是以 2020 年 6 月 30 日作为基准日的，周某某作为董事应该也是在 IPO 申报之前突击离任的。发行人披露周某某报告期内除了任职董事，没有担任其他职务，但是现场督导发现他还担任了多个关联方的董事或者财务总监职务。如果子公司核查不是很仔细到位，担任财务总监还真不一定发现，不过担任董事应该基本的工商信息都应该可以看到。当然，项目组或许觉得这个问题不那么重要，也就简单核查，"按照惯例和模板发表了核查意见"。

2. 周某某任职董事期间，还处理了一些超越权限的事项，甚至在离任之后还接受董事长口头委托处理相关问题。关于这个问题，说白了，就是谁还没有替老板审批过流程或者走过 OA 流程呢？这个问题严格来说是一个内控的基本规范问题，换个角度来看，或许也没什么大不了的。

四、大汉科技：财务内控有效性存在缺陷

现场督导发现，发行人财务内控有效性存在缺陷。

1. 发行人通过虚假采购套取资金用于体外发放员工薪酬。发行人将取得的咨询费与运输费发票按采购咨询与运输服务入账，将采购款支付给咨询公司和运输公司，相关咨询公司和运输公司再将资金转给发行人员工。报告期内，发行人通过前述方式发放员工薪酬约 650 万元。此外，发行人实际控制人亦在体外以自有资金垫付员工薪酬约 100 万元。

> **小兵评析**
>
> 前面案例分析的时候我们提到，发行人有可能通过居间服务商将资金转移出去然后给员工发工资、奖金的情形，而在这里就有了这样的操作。发行人通过虚构咨询费或者运输费的方式将资金转移出去，然后转到员工账户支付薪酬。如果纯粹是这样的操作，并不能帮助企业降低成本费用，只是可以帮助员工避税。但如果想IPO万无一失，还是不要在这些小事情上格局太低（很多是侥幸心理）。在审核期间如果查出这类问题，则按IPO标准依法依规判断处理。这足以导致IPO审核不通过，切莫因小失大。

2. 发行人子公司违规使用个人银行卡。报告期内，发行人子公司持续违规使用相关财务人员和法务人员个人银行卡收付款项，且发行人实际控制人控制的其他企业亦同时使用该个人银行卡收付款项，导致个人银行卡

相关资金存在与关联方混用的情形。

> **小兵评析**
>
> 关于个人卡，有的是个人通过个人卡来操作与公司业务相关的收支，而这里是公司违规使用个人卡操作业务收支，本质上也是个人卡收付的另外一种形式，与我们常见的情形并没有本质区别。

五、科拓股份：业务原始单据不完整

发行人披露，其部分智慧停车管理系统以客户签收或办理验收手续为收入确认时点。经查，发行人部分销售收入缺失货物签收或工程验收原始凭证，以收到客户除质保金以外的销售回款时作为确认收入时点。2019—2021 年，发行人未获取收入确认原始单据的项目对应营业收入金额分别约为 4600 万元、4300 万元和 3200 万元，占发行人各期营业收入的比例分别约为 10%、8% 和 6%。

小兵评析

监管机构现在对于审慎性的要求，还是建立在不违反会计准则的前提下。从提前确认收入角度来说，按回款确认不一定就是审慎的。这里就有两个非常典型的例子可以推翻这个观点：（1）一笔交易没有实质完成、商品控制权没有转移的情况下，客户先回款了，企业只能作为预收账款，不能确认收入。（2）企业交易完成后，客户很长时间没回款，如果是 2022 年交易、2023 年才回款，企业如果按回款确认收入，就会把本来是 2022 年收入确认为 2023 年，而如果 2023 年预计刚好业绩可能下滑，这种平滑收入的操作，就是粉饰报表了。因而，严格从规则角度来说，按回款确认收入只是貌似谨慎，但不一定真的谨慎，要区分具体情况。为了避免争议问题出现，实践中，企业还是应该严格按照会计准则要求确认收入，款项长期无法回收的，该计提坏账要及时、充分计提坏账。

发行人收入确认以客户验收作为确认时点，部分客户的验收单据确实也是合理的，发行人这些客户以实际回款作为收入确认时点，显然并不严格符合会计准则的要求。至于没有单据的收入比例，10%也还算可以接受，并且报告期内下降至6%左右，如果发行人这些收入有一些替代措施可以证明，那么还是可以信赖的。

六、福特科：发行人存在内控规范性问题

1. 发行人 2020 年内控制度中记载其设立了内审部，同时在二轮反馈问询中回复，审计委员会下设内审部，制定了《内部审计制度》，配备了相应的内审人员。经检查发现，发行人成立内审部时未正式发文，报告期内内审部亦无专职人员。

2. 发行人不相容职务未分离问题（查到多笔会计凭证、生产单据的制单、审核为同一人）。

3. 发行人授权审批控制问题（查到大部分凭证无审核人，部分供应商未按内控要求由总经理核准）。

4. 发行人会计系统控制不完善问题（遗漏核算 13 个银行账户，使用离职人员账号操作系统）。

5. 发行人子公司印章管理问题（三明福特科的公章、合同章由其总经办副总经理保管，且未获其总经理授权，不符合发行人内控制度要求）。

6. 发行人人员离职程序不规范问题（部分人员未按发行人内控制度填写《员工离职交接单》）。

> **小兵评析**
>
> 这个案例是在注册阶段被启动现场检查的，自然也就发现很多公司在内控方面的瑕疵和缺陷。不过，针对审核机构总结的 6 条内控方面的问题，应该算是多数企业普遍存在的情形，甚至实践中有些情形下要做到

完全规范甚至是一件不可能完成的任务。因而，对于企业内控问题的判断，也需要有重要性原则，内控瑕疵的影响程序也应该有一个明确的基准。对于这个基准，小兵觉得就是：内控瑕疵对于发行人财务数据和合规运行是否存在重大不利影响。有些内控问题无伤大雅则不必揪着不放，有些内控问题影响红线那就必须彻底解决、不能放松。

福特科内控问题，主要是资金占用，上述问题是顺带查的时候一并发现的；结合这些内控形式问题，结合资金占用问题，对其内控有效性，从形式到实质都进行了否定。如果企业内控方面没有实质问题，仅有形式性瑕疵，是可以整改的、可以接受的；如果发生了实质性后果，申报前解决是可以接受的，如果在审发现，那基本上不会有被接受的空间。

七、穗晶光电：发行人内部控制方面存在重大缺陷

发行人与销售相关的内部控制异常。发行人提供的派车单存在编造、涂改等情形，部分对账单、送货单无法与销售出库序时簿对应，销售订单序时簿、出库序时簿数据不准确。发行人披露按验收对账确认的数量和金额在验收对账日确认收入，但发行人存在收入确认时间早于对账时间，以及收入确认金额与对账单金额不一致的情形。

发行人与采购相关的内部控制异常。发行人未对修改采购订单履行审批程序，采购订单数量大于实际入库数量。

发行人对外使用多个印章，业务专用章和仓库章都存在多个版本。

> **小兵评析**
>
> 单纯从规则的角度去思考，对于企业内控问题可以按照以下几个层次去区分：
>
> 1. 单据缺失、审批流程不完善、保管不到位，可能是内部管理有效性、规范性问题。
>
> 2. 单据伪造、编造、涂改，则是主观故意的，可能是为了 IPO 整改规范后续进行的操作，也可能是为了其他违规目的而进行的，要具体情况具体分析。

3. 单据存在伪造、编造、涂改，且收入真实性、采购完整性存在其他各种异常情况的，要从财务真实性角度进行关注，不仅仅是内容问题。

具体到本案例发行人涉及的内控问题，非常明显就是涉嫌编造、伪造、涂改相关的财务凭证单据，属于主观故意，通常具有某些目的，因而性质还是很严重的，自然也就导致对公司财务数据真实性的质疑。

小兵觉得，企业内控是一个很宏大的题目，也有非常多的内容，而最核心的内控其实就是收入、生产和采购的核心节点能够保证准确、有效。这是一个企业内部控制的核心，只要把握住这些核心要点，企业的财务核算和规范经营就不会存在重大风险。这个案例也非常典型，涉及很多非常细微的内控问题，并且涉及收入和采购的内控细节，值得我们借鉴和学习。

八、北交所某项目：保荐机构对 B 公司内部控制有效性核查不充分

某公司在招股说明书中披露，"在所有重大方面均保持了有效的内部控制"；"公司的内部控制是有效的"。现场督导发现，某公司内控制度规定，工作人员支取备用金时，应随借随还、责任到人、明确用途，且单笔支取不得超过 2 万元、期末余额不得超过 5 万元、借款期限不得超过 3 个月（销售人员）或 1 个月（其他人员）。

但在实际执行过程中，某公司销售总监、关键销售人员在报告期内共预支备用金 90 笔、840.50 万元，单笔支取备用金普遍超过 2 万元且支取时某公司未要求支取人提供说明等证明材料。此外，销售人员在报告期内存在期末备用金余额超过 5 万元的情况，最高 36.57 万元。备用金相关内部控制执行情况与招股说明书中披露的情况不一致。

> **小兵评析**
>
> 现在支付手段越来越便捷，现金的使用场景越来越少，因而对于公司的现金管理也越来越严格。备用金本来是企业经营过程中一种临时性的、小规模的应急措施，如果内部控制有效，是没有问题的。不过，实践中，很多人将备用金作为一种调节利润甚至业绩虚构的一种手段，这却是违规的。至于本案例，关于备用金的使用和管理只是说内部控制不规范，并不涉及财务数据真实性问题。

九、点众科技：发行人经营业务合规性异常

发行人子公司均未取得相关经营资质许可。经检查发现，发行人相关子公司作为著作权人拥有并以自身名义在应用商店上传了多个 App 客户端。在 App 客户端运营过程中，相关子公司作为提供数字阅读服务的权利义务主体与用户签署协议，用户在使用相关 App 客户端过程中充值付费的，由发行人相关子公司独立收取，但发行人相关子公司均未按国家相关规定取得《网络出版服务许可证》，存在合规风险。

> **小兵评析**
>
> 关于子公司未取得经营资质的问题，以及"全站免费"其实并不是都免费的问题，对于互联网企业来说，这些都是基本操作，倒是没什么奇怪的。从另外一个角度来说，也不会构成 IPO 的实质性障碍。关于这个问题，没有必要再作更多的技术分析，只是在这里提醒大家一下，内控问题也包括企业经营的合规性问题。

第五部分
股权清晰与实际控制人认定

一、恒茂高科：涉嫌存在股权代持

2016年7月至2019年8月，发行人实际控制人郭某及一致行动人蒋某某通过自身及控制的他人银行账户，为持有兆和惟恭出资份额的蒋某某等六人偿还银行借款（用于认购兆和惟恭出资份额）及利息提供资金。2019年11月，蒋某某以1元/份额的价格购买其他五人所持兆和惟恭部分出资份额。蒋某某等人取得分红款、份额转让款后，均发生大额取现行为。根据郭某和蒋某某签署的《一致行动协议书》，蒋某某在公司重大事项表决上，与郭某保持一致行动，均以郭某意见作为最终意见。

现场督导发现，发行人和保荐人就前述员工是否为实际控制人代持发行人股份未能提供合理解释：

1. 上述借款本金由实际控制人偿还。借款到期后，实际控制人向前述六人转款1045万元，用于偿还银行借款本金。

2. 上述借款利息可能由实际控制人及其一致行动人偿还。发行人实际控制人及其一致行动人在借款持续期内通过其控制的账户，于每个月固定日期前后向前述六人或其配偶转账约1.2万元，与上述1200万元的银行借款需支付的月利息金额基本相符。

3. 前述六人收到分红款后大额取现，保荐人未对取现资金的最终去向提供合理解释。

小兵评析

蒋某某是公司的二股东，直接和间接持有公司超过18%的股份，同时也是公司的董事、财务总监和副总经理，从持股比例和担任的职务综合判断，蒋某某确定是公司的二号人物。郭某和蒋某某签署了一致行动协议，却没有将蒋某某认定为实际控制人。关于实际控制人的认定结果以及解释的理由、论证的标准和权限，基本上都交给了发行人，只要理由充分合规合理，倒也没有太大争议。但是，如果通过认定实际控制人去规避某些问题甚至上市红线，那么性质自然就变了。

关于股份代持的嫌疑，从现场督导对于相关银行流水的核查可以找到很多证据，当然这些证据只能算是间接证据，只要当事人明确不承认不认可存在股份代持，就不能认定股份代持。但是，作为审核机构如果有充分的理由怀疑，就可以通过这样的因素来判断股份代持这个结果对于IPO上市条件的影响：（1）郭某、蒋某某帮着其他认购员工持股股份的股东偿还认购资金以及相关的利息。（2）其他五个人认购以后，蒋某某又以1元每股的价格进行了回购。

蒋某某在取得分红款和转让款的时候大额提现，而对这些提现的资金并不能作出充分合理的解释：

1. 2017—2020年，郭某及蒋某某控制向发行人董监高及员工转出合计372.65万元，收到发行人高级管理人员及员工转入合计112.07万元。保荐人解释称，前述转出款项中有117.11万元是蒋某某2017年受郭某委托向员工支付的补偿金，占当年税前利润总额2.51%。

2. 2017—2020年，郭某开立账户合计取现715万元，蒋某某开立账户合计取现579万元，二人控制的他人银行账户合计取现505万元，保荐人解释称，用途为购买阴沉木等收藏品（667万元）、民间借贷（395万元）、别墅装修及家庭日常开支（232万元）。

3. 2018年，郭某向发行人采购部员工郭某某账户转账130万元"委托炒股"款，但郭某某证券账户在2018年无证券交易记录。

二、科隆新能：实际控制人涉嫌未真实解除股权质押

申报后，实际控制人将其持有的发行人控股股东股份全部质押，为控股股东控制的其他子公司银行贷款提供担保，实际控制人、控股股东等相关主体是否具备偿债能力，是否存在影响发行人控制权稳定的情形。

发行人在财务数据更新、回复首轮问询时两次更新《招股说明书》，均未按照相关规定及时披露申报后实际控制人所持发行人控股股东全部股份被质押的情况，而相关质押事项可能影响发行人控制权稳定。之后，实际控制人所持发行人控股股东部分股份被解除质押，但实际控制人在与某银行（质押权人）签订解除股份质押协议的同时，控股股东向该银行出具了有附加条件的承诺函，上述事项未予披露。此外，发行人在审核问询回复中未如实披露控股股东、实际控制人的财务情况，现场督导期间其控股股东、控股股东其他子公司无法提供审计底稿，审核问询回复中披露的相关主体财务数据与其 SAP 财务系统中的财务数据存在较大差异。

小兵评析

从目前 IPO 审核来说，规则并没有明确禁止发行人股东将持有的股份进行质押，审核中主要关注质押的背景和原因、资金的用途、股东是否有偿还债务的能力、债务是否逾期，以及是否存在股权纠纷或潜在风险。当然，如果是控股股东或实际控制人将股权质押，那么必然关注是

否影响实际控制人的地位，是否导致发行人控制权的变更。

具体到本案例发行人，本质上是签署了一份"抽屉协议"，约定未来某天（预估可以成功上市的日期）又将全部股份再质押给银行，实际导致股权质押没有真正解除。对于此类问题，有两点需要格外注意和借鉴：

1. 此类"抽屉协议"怎么核查。督导组是通过核查 OA 系统、工作邮件发现的，包括控股股东的 OA 系统以及发行人的 OA 系统。中介机构的核查范围，要非常明确，包括 OA 系统、公司邮箱、通信系统等在内的发行人信息系统都是核查范围，不能因为电子化、信息化就不能核查，更不是没有必要核查。（原来纸质版本时代，那些都是纸质办公材料，都是可以核查的）

2. 要坚持常识、常理和常态。在控股股东财务状况堪忧、从银行借入大笔资金没有归还的情况下，银行是否可能真的同意解除对赌协议？如果银行在这种情况下同意解除对赌协议的可能性非常小，就要考虑是否存在"抽屉协议"。

对于控股股东股权质押，为何要重点关注呢？主要就是控股股东股权质押可能影响控制权稳定性，是否影响要看控股股东财务状况。如果控股股东财务状况很好，则质押也没啥，自己有偿债能力；就怕财务状况很差，还大比例质押，则股权随时有被处置的风险，从而对控制权稳定性影响很大。因而，在 IPO 审核实践中，控股股东如果是法人，需要提供控股股东的相关财务报表并且经审计。如果控股股东是自然人，也需要关注是否存在大额未偿还债务的情形。

具体到本案例发行人，关于股东股权质押的相关情形还挺有意思：

1. IPO 申报之后，实际控制人将控股股东的股份全部质押了，这相当于发行人的间接股份给质押了，看起来很隐蔽，也不违反规则，不过显然对发行人控制权的稳定有着潜在的重大影响。

2. 控股股东股份质押是为自己控制的公司贷款作担保，那么这些子公司获得资金是否会构成可能的体外资金循环呢？

3. 实际控制人如何偿还这些债务，是否影响实际控制权的稳定，当然，按照一般逻辑的理解，将全部股权都质押了，很大可能影响控制权稳定。

4. 不知道中介机构是否了解这个事情，不过现实情况是，如果实际控制人就是不告诉中介机构，中介机构还真不一定能发现，毕竟是 IPO 申报之后发生的事情，中介机构紧绷的神经已经放松了，并且质押的是控股股东的股份，发行人的相关征信报告看不到这个信息。

需要思考的是，首轮问询回复、两次更新招股书都没有披露控股股东全部股权质押的情况，是中介机构没有核查到位还是视而不见呢？实际控制人可能后来被发现了，被动解除了股份的质押，但是又与银行约定了其他的附加条款，这个条款同样没有披露。审核回复和现场督导期间，都没有提供控股股东和子公司的审计工作底稿，且有关数据差距很大。

三、杭州碧橙：涉嫌虚假认定实际控制人

2013年9月，L某、F某和D某共同投资发行人前身，持股比例分别为49%、25.5%和25.5%。截至项目申报日，L某、F某和D某仍是发行人前三大股东，分别直接持有发行人20.12%、17.37%和16.42%的股份。报告期内主要股东D某因开设赌场罪被判处有期徒刑，随即卸任发行人董事长，并提名其表弟R某为发行人董事，主要股东F某接任发行人董事长。

针对上述审核重点关注事项，现场督导紧扣发行上市条件和信息披露要求，结合发行人的"三会运作"、日常经营管理和业务模式，综合运用查阅保荐人工作底稿、现场询问和访谈，核查发行人相关原始单据和材料、OA系统审批流程和相关工作邮件，要求保荐代表人补充核查和提供解释说明等核查手段，了解与核实保荐人对发行人相关问题的核查把关是否到位。

现场督导发现发行人涉嫌为规避规则限制而调整实际控制人的认定：

1. L某、F某、D某和H合伙企业构成法定一致行动人，并对发行人构成共同控制。主要股东L某、F某和D某共同投资设立五家营利主体，根据证监会的相关规定，三人存在合伙、合作、联营等其他经济利益关系，构成法定一致行动人。同时，主要股东L某、F某和D某作为员工持股平台H合伙企业的普通合伙人，对H合伙企业的重大决策产生重大影响，L某、F某为H合伙企业取得发行人股份提供融资安排，根据证监会的相关规定，L某、F某、D某和H合伙企业构成法定一致行动人。前述主体可以实际支配发行人股份表决权，应当合并计算为60.53%，对发行人构成共同

控制。

2. L 某、F 某和 D 某通过实际支配发行人股份表决权，共同决定发行人董事会半数以上成员选任，根据证监会的相关规定，三人对发行人构成共同控制。

3. L 某、F 某和 D 某轮流担任发行人及其前身主要管理职务，共同参与发行人经营管理，三人在发行人及其前身历次股东（大）会中，相关投票决策均保持一致。

4. 发行人为申报上市制作的《承诺函控制表》、与上市工作相关的会议纪要等内部文件，均明确载明 L 某、F 某和 D 某为发行人实际控制人。

5. 2020 年 6 月，D 某所涉刑事案件作出一审判决，D 某于同年 7 月卸任董事长，其自认卸任董事长系配合发行人上市需要。D 某辞任发行人董事长后，仍然以董事名义参加发行人重要经营会议，参与发行人整体层面经营管理（如听取发行人财务、资金、人事、行政管理工作汇报等），并提名其表弟 R 某担任发行人董事。

针对上述异常情况，发行人和保荐人均未能提供合理解释。上述问题可能会对发行人是否符合发行上市条件构成重大不利影响。

小兵评析

根据披露的一系列现场督导的案例，我们有一种强烈的感受，IPO 现场督导主要是去重点关注财务问题，核心就是现场检查和判断发行人的财务数据是否真实，是否存在财务造假或者粉饰的可能和痕迹，当然也会通过发行人的相关规范程度来判断保荐机构的工作是否勤勉尽责。现场督导既然是保荐业务的督导，自然是全方位检查保荐机构的工作是否到位、完整，因而关注到非财务方面的工作也是现场督导的应有之义和必需的工作内容。一般法律问题以及规范性问题不构成红线问题，也不会直接影响 IPO 最终的审核结果，因而我们自然有这样的感觉，认为法律问题一般不会格外关注。

在这个案例中，督导组明确提出发行人因为实际控制人的认定结果明显存在规避相关规则的情形，因而不再符合 IPO 条件，从而撤回了申请。审核中重点关注认定发行人无实际控制人是否符合事实，是否存在为规避规则限制而调整实际控制人认定的情形。

在现场督导的工作中，对于实际控制人认定的核查手段主要包括：(1) 查阅发行人的"三会运作"、日常经营管理和业务模式；(2) 查阅保荐人工作底稿、现场询问和访谈；(3) 核查发行人相关原始单据和材料；(4) 核查 OA 系统审批流程和相关工作邮件；(5) 要求保荐代表人补充核查和提供解释说明。

对于以实际控制人认定为代表的典型法律问题的核查，应该坚持一个基本的原则和标准，那就是：注重对不可修改、不可篡改的历史留痕证据的核查，而非核查那些可以事后随时后补的材料。具体到本案例，在进行核查的时候，就自行建立了一个逻辑角度：发行人是否有虚假认定实际控制人的动机？这个案例其实在审核阶段，已经高度怀疑发行人有虚假调整实际控制人认定的风险。在 IPO 实务中，如果发行人存在包括实际控制人涉嫌刑事犯罪、规避同业竞争等情形，都有可能虚假认定实际控制人，或虚假认定为无实际控制人。

在实践中，很多资料都属于主观、间接、可调整的，如"三会运作"、一致行动人协议、对外宣传等资料，甚至都是可以事后确认甚至倒签的。在实际控制人认定的时候，我们需要权威的客观证据，那么就要关注 OA 系统和 ERP 审批流程的情况，到底是哪些人员来作决策和审批，而真正决策和审批的人一般就是实际控制人，尤其是资金流水、商务合同、人事任命等核心内容的审批流程和决策等。因为这些审批都是要在网上留痕的，就算是有调整也会保留痕迹，很难"技术处理"，因而更加满足客观权威证据的要求。

四、芯德科技：发行人实际控制人认定的准确性存疑

发行人自成立以来，境外 C 公司一直为发行人第一大股东，境外自然人甲为 C 公司实际控制人。在申请首发上市前，C 公司向境内自然人丙转让发行人部分股权，C 公司变为第二大股东（持股约 26%），丙则成为第一大股东（持股约 30%），发行人将丙等境内自然人认定为实际控制人。

现场督导发现，发行人实际控制人认定的准确性存疑：

1. 发行人实缴注册资本全部来自境外 C 公司，且存在虚假出资。发行人 2007 年设立时，55% 注册资本为境外 C 公司出资，剩余 45% 为境内相关自然人出资。2007 年年末，发行人进一步增资。经查，发行人设立时境内自然人的出资资金，均来自 C 公司且未签署借款协议，也一直未偿还。2007 年年末的增资则为虚假出资，发行人实际未收到任何增资款。

2. 股权转让定价合理性存疑。在 C 公司向丙转让股权的过程中，C 公司明知创投机构已高价入股发行人，进一步调低向丙转让股权的价格（不到创投机构入股价格的 1/3），商业合理性存疑。针对上述异常情况，发行人和保荐人未能提供合理解释。现场督导后，发行人和保荐人主动申请撤回申报。

小兵评析

小兵一直强调，IPO 审核是一个需要多因素、多维度、多层次去综合思考和考量的复杂且严谨的过程；任何事情不能孤立地去看待，任何一个问题也需要综合各种影响去思考。我们在进行案例分析以及系统思考的时候，也需要把握一个基本的原则：很多问题要连续起来一起看，很多涉及的因素要综合起来一起考量，这样会对问题的认识更加深刻，会有一个更加完整的评价。

前面分析已经提到 IPO 现场督导基本上重点关注的都是财务问题，主要是对财务真实性和内控规范性进行督导，而关注法律问题很少。上一次重点关注法律问题，还是因为涉及实际控制人的认定以及实际控制人是否变更的上市条件的本质问题。

具体到本案例发行人，现场督导重点关注到实际控制人的问题，显然也不是毫无理由的。如果我们稍微关注一下就明白，关于实际控制人的认定问题，其实是与这个案例重点关注的第一个问题构成"连续剧"的。第二个问题尽管是个法律问题，而其实对于第一个境外收入真实性的核查却有着"药引子"的核心效果。

在这个案例中，中介机构对发行人出资情况核查明显不到位，只是对当时表面境内自然人出资的真实资金来源做了验证，简单信任发行人提供的材料和说法，并没有进行穿透核查。第一个问题关注的关于境外销售的一些异常情况，发行人还可以解释为核查不到位或者商业特殊性影响，而第二个问题的"骚操作"，简直有点"此地无银三百两"的感觉。简单总结一下就是：

1. C 公司其实本质上一直都是发行人的实际控制人，发行人也是 C 公司一开始出资设立的。

2. 在 IPO 之前，C 公司紧急向一个自然人转让了股权，C 公司成为二股东，而自然人受让方成为实际控制人。

3. 在外部股东投资明确价格的情况下，C 公司转让控制权的价格连投资机构的 1/3 都不到。还是那句话，天上不会掉馅饼，任何股权转让的合理性存在重大疑问的情况下，其真实性就不值得信任。

4. 公司为什么要转让控制权，还这么不计成本、不择手段？或许就是为了淡化 C 公司实际控制人的身份，从而可以不用进行全部银行流水的核查，为自己在境外收入的操纵提供配合和掩护。

5. 不管从什么角度来说，这样的股权操作都不算什么高明的思路和方案，甚至让人觉得有些不可思议。

第六部分 保荐人执业质量瑕疵

第一节　对收入真实性的核查不到位

一、恒茂高科：保荐人对发行人境外销售真实性核查不到位

发行人主要通过贴牌代工方式对客户实现销售，其境外销售占总收入的比例约为50%，其中，前五大境外客户收入占境外销售金额的90%以上。现场督导发现，保荐人对发行人境外销售真实性的核查程序执行不到位。具体如下：

1. 保荐人对境外客户走访程序方面。保荐人披露其对前五大境外客户均执行了实地走访程序，但督导发现保荐人对包括发行人第一大客户在内的三家境外客户（占发行人总收入的比例约为40%），仅在2017年进行了实地走访，2018—2020年均未执行实地走访程序。

2. 保荐人对异常境外客户核查方面。发行人在2020年新增电视机贸易业务（电视机非发行人主要产品），A客户为当年发行人该业务境外第二大客户（占当期总收入的比例约为7%），主要采用B2B模式销售产品，在北美市场具有良好销售渠道。保荐人通过在两家境外电商平台检索相关产品作为终端销售真实性的核查依据。经查，相关产品在其中一家电商平台订单评价较少且已下架，另一家电商平台已永久关闭。

小兵评析

我们涉及很多关于境外销售真实性核查的问题，小兵一直在强调，境外销售客户的核查，在 IPO 审核实践中是个永恒的老大难问题。境外核查本身就存在很多程序上的争议，加上境外客户在函证程序、存货盘点、实地走访等方面存在很多配合方面的限制，更是给境外销售的核查边界以及替代措施提出了更大的挑战。

关于这个案例，小兵在作否决案例分析的时候，一直认为是存在明显的财务造假的可能的，而在 IPO 否决审核意见中，也明确提出来对于发行人毛利率远高于同行业的合理性的质疑。在一个 IPO 案例中，如果毛利率差异很大且没有充分的理由，那么必然影响到对于财务数据真实性的判断。

现场督导的意见并没有明确指出财务造假的可能性和程序性的瑕疵，但明确提出保荐机构对于境外销售收入真实性核查的程序是不到位的，主要体现在：

1. 发行人境外销售占比超过 50%，前五大客户就占到了 90% 以上。

2. 发行人披露对前五大客户均进行了实地走访，但是重要客户只是在 2017 年进行了走访，报告期 2018—2020 年并没有走访。这可能有公共卫生安全的因素，那么保荐机构是否采取了充分的替代措施呢，还是因为有了 2017 年的走访，后续的核查工作就没有那么严谨充分呢？

3. 发行人新增了电视机的贸易业务，而这个业务并非发行人的主营业务，并且通过电商销售的模式和结果与实际情况也存在很大差异。按照披露的信息，这样的操作，操纵利润的痕迹还是比较明显的。

二、正业设计：保荐人对发行人供应商的核查不到位

报告期各期，A公司为发行人前五大供应商，各期采购金额为110余万元至270余万元。A公司曾为发行人子公司，2015年11月，发行人将其持有的A公司股权全部转让给自然人丙。2019年7月，实际控制人甲与A公司实际控制人丙的配偶丁存在300万元的资金往来。

现场督导发现，保荐人未充分关注到发行人供应商A公司存在的异常情况。A公司与发行人存在关联迹象：

1. 保荐人对甲向丁转账300万元的原因解释不合理。保荐人解释称，丁出于家庭购房的需要而向甲借款，但甲向丁转账中，其中200万元转账备注为"还款"，且保荐人提供的购房证明材料在时间顺序、金额匹配、资金用途等方面均存在矛盾。

2. 发行人与A公司关系异常密切。发行人多次与A公司共同参与工程招投标活动，且甲向丁转账300万元的当月，发行人与A公司共同参与某项目招投标活动，最终发行人中标。

3. 发行人向丙转让A公司的股权后，发行人员工仍为A公司办理工商登记变更等事宜。

> **小兵评析**
>
> 从近两年交易所对外披露的一系列现场督导的案例来看，小兵有一个直观的感受，这些案例都是精挑细选经过审慎思考的，交易所以及审核

机构希望通过这些案例能够更好地把关企业通过 IPO 审核上市的质量，同时也为 IPO 中介机构的工作提供更多指引和借鉴。这一系列案例都有一个相对比较清晰的特征：逻辑很清晰、思路很明确、问题很直接、针对性很强。每一个案例重点关注一个或者两个问题，然后又会从不同的角度和维度将这两个重点问题展开，不拘泥于表面的信息披露，更关注问题的本质以及对上市条件的影响。因而，有时候你看到的是供应商采购问题，可能本质上关注的是收入真实性问题；有时候你关注的是资金流水核查问题，而最终关注的可能是实际控制人认定是否合理。

因而，我们对案例进行系统分析和梳理，应注意每个案例涉及的每一个问题，互相引用、互相对照着看；如果只是独立去思考一个问题，就有所偏颇甚至得出一些错误的结论。

具体到本案例发行人，关注的内容主要是供应商采购的问题，其实是怀疑发行人实际控制 A 公司，然后围标，形成关联交易非关联化的结果，最终可能也会落实到实际控制人银行流水无法合理解释的范畴。小兵对于发行人的情况简单总结如下，发行人是否真的存在财务调节的问题，我们不便下结论，大家自行判断：

1. A 公司曾经是发行人的子公司，后来转给了某个自然人。

2. A 公司是发行人重要的供应商，发行人解释没有任何关联关系。

3. 实际控制人向 A 公司实际控制人的配偶转账 300 万元，解释是买方借款，而提供的证据互相矛盾，无法证明。

4. 发行人和 A 公司存在多种往来，包括业务往来和资金往来，可能存在关联交易非关联化的情形。

5. 当然，这个问题的金额只有 300 万元，就算不能充分解释，对于业绩的影响还是在一个可控的范围内。如果单纯就是这一个问题，小兵觉得，也不一定能确定发行人本身存在问题，至少发行人还是有很大的自我解释和论证的空间。

第二节　对资金流水核查不到位

一、恒茂高科：关键人员异常，资金流水核查不到位

现场督导发现，发行人实际控制人及其一致行动人控制包括发行人采购部、工程项目部人员在内的共 7 个他人账户。前述账户存在大额取现和异常资金往来，保荐人未获取、核查前述账户的资金流水。

1. 发行人实际控制人及其一致行动人报告期内通过其开立或控制的账户大额取现约 1700 万元。发行人解释称，取现主要用于购买名贵木材、民间借贷、房屋装修及家庭日常开支，但均未提供有效的客观证据。经查，相关木材保管方式异常、民间借贷业务已于报告期前停止。

2. 发行人实际控制人及其一致行动人控制的他人银行账户与发行人董监高及员工存在异常资金往来。报告期内，上述账户向发行人董监高及员工转出约 370 万元，收到发行人高管及员工转入约 110 万元，保荐人未对相关资金往来的原因作出合理解释。

> **小兵评析**
>
> 关于银行流水的核查，也算是 IPO 审核实践中一个永恒的话题；不仅有单纯的完全独立的资金流水的核查，其实在收入成本核查、资产费用核查等方面也都有资金流水核查的身影。资金流水就是一个企业经营

的血液，那么流水核查自然也是贯穿在财务核查的各个方面和细节。一个人体检最基本的就是抽血检查，企业财务核查先核查银行流水自然也是合理的。

具体到本案例，先不说实际控制人以及关联方银行流水应该如何核查以及该执行怎样的核查程序，单单实际控制人控制了公司员工 7 个账户进行各种银行转账和大额取现的行为，不管怎么用力可能也解释不清楚到底是怎么一回事。就算事实上没问题，也很难得到认可，这也体现出公司根本就没有完善的内控，以及实际控制人缺乏对 IPO 的诚信和敬畏。

通过这个案例，我们还有一个很明显的发现：上市委在否决发行人 IPO 申请的时候，出具的否决意见与披露的现场督导的意见基本上是一致、一一对应的，也就是说，现场督导发现的问题给予了审核机构足够的技术支持和证据基础。在守好上市公司质量、严格把握 IPO 审核标准的大方向上，现场督导走在了审核机构的前端，也确实作出了应有的贡献。

二、小影科技：保荐人对相关主体境外资金流水核查不充分

发行人产品主要在境外推广使用，广告主要在境外平台投放，广告支出由境外公司以美元支付。发行人报告期内拆除红筹架构，其在境外回购股份时向重要股东 A 公司、B 公司等合计支付 4000 余万美元。红筹架构拆除后，A 公司、B 公司仍合计持有发行人近 30% 的股份。审核关注相关主体是否为发行人代垫广告支出、保荐人对相关主体境外资金往来是否进行充分核查。

现场督导发现，保荐人未对相关主体境外资金流水进行审慎核查，核查程序执行不到位：

1. 发行人存在将广告投放账号绑定至员工个人账号但未纳入统一管理的情形，其境外广告投放账号完整性存疑。

2. 发行人境外广告投放账号名称与发行人股东 A 公司异常关联。发行人推广服务商为发行人开设的广告投放账号名称为"HKYG 公司"；经查询，A 公司间接持有 HKYG 公司 14% 的股权。

3. A 公司、B 公司及其派驻的董事等十余个主体拒绝提供完整资金流水特别是境外资金流水。在存在前述诸多疑点的情况下，保荐人未取得相关关键主体完整资金流水，即认为发行人市场推广费用完整性不存在异常。

小兵评析

银行流水较之 IPO 财务核查，可能有两个最核心的逻辑目标：通过核查银行流水来发现财务数据可能存在疑问的痕迹和线索，通过核查银行流水找到企业可能财务造假的有效证据和合理依据。

具体到本案例，同样是这样的一个逻辑。这个问题是前面第一个问题的延续，第一个问题发现了财务数据失真的一些痕迹，这里通过银行流水发现的问题来进一步确认，也就是明确是否存在将体内资金转移至体外，用于体外代垫成本费用。当然，从保荐机构执业质量的角度来说，因为没有对异常的银行流水核查到位，自然也就没有发现财务数据存在疑问的情形。

在前面的案例分析中，我们提到这个案例中有三个特征让我们质疑发行人的市场推广成本是存在完整性疑问的，而同样有三个核心的理由让我们觉得这样的疑问是合理的、充分的：

1. 发行人在拆除红筹架构的时候，曾经向两个境外股东转出 4000 万美元的款项。

2. 发行人境外广告投放的账号有些是员工个人账号且没有纳入统一管理，存在体外支付推广费的嫌疑。

3. 发行人境外投放广告的账号与收到 4000 万美元的股东存在关联关系。

4. 发行人的两个境外股东以及董事拒绝提供完整的银行流水尤其是境外流水。

前面我们多次总结过，发行人境外销售财务造假的"三件套"典型模式：客户是经销商、大规模的第三方回款以及实际控制人大额的资金流转。在某些案例中，实际控制人通过关联方对外支付外汇，或者以境内支付人民币、境外收到外汇的方式将大额资金转移到境外，然后寻找境外的贸易商或者经销商进行销售，最后通过实际控制人指定的机构回款。这种造假的经典模式，隐蔽且有合理理由。

在目前 IPO 审核标准下，对于第三方回款没有严格的比例限制，尤其是对于境外的第三方回款情形，只要有外汇管制、金融机构不发达等合理理由，就允许第三方回款，有的项目比例高达 30%。从某种意义上来说，小兵对于境外第三方回款对财务数据真实性的影响，仍旧有比较大的担忧。

再回到这个案例，通过这个典型督导案例，我们可以发现监管部门传递的信息很明确，境外流水虽然不是强制一定要核查，但出现那些情况时则必须要核查，不充分核查就不能随便发表意见。这个督导案例对于我们实践中把握境外资金流水是否需要核查有很好的指导意义，值得认真借鉴与思考！

三、穗晶光电：对发行人及相关方资金流水核查不充分

保荐人未完整获取发行人实际控制人、董监高（不含独立董事）以及部分关键岗位人员报告期内全部的银行账户，剔除已休眠等无交易记录账户，遗漏账户合计112个，占前述人员账户数的43.75%。

保荐人未对与发行人实际控制人大额资金往来较多的银行账户保持充分关注。报告期内，发行人实际控制人之一郑某某及其配偶等人向关联方广州市凯尔卡顿酒店有限公司出纳累计转出16,785.75万元。经查，前述出纳银行卡为郑某某实际管理，存在大额取现5135.97万元，但保荐人工作底稿中未见相关核查记录。发行人实际控制人之一郑汉某及其子郑某净转出868.65万元用于购买投资性酒水，但未提供采购协议等相关支持性证据。保荐人对上述大额异常资金往来仅采取访谈方式了解资金用途，核查程序执行不到位。

小兵评析

关于银行流水的问题，小兵已经分析了很多，这个问题没有什么技术层面的讨论和争议，流水有就是有，没有就是没有；交易内容合理就是合理，不合理就是不合理。从流水核查的角度来说，最核心的永远都是银行流水是否核查完整、是否存在异常的金额较大的银行流水以及是否充分关注且核查。

本案例这个情形，恰巧犯了银行流水核查两个典型的错误：一个是银行流水核查不完整，遗漏了 112 个银行账户，比例超过 40%；另一个是实际控制人及其配偶向一个商务酒店的出纳转账 1.6 亿元以及花 800 多万元购买投资性酒水，流水情况异常，项目组没有充分核查以及提供有效凭证。

四、德芯科技：大额理财和取现核查不到位

发行人披露，其报告期各期末货币资金余额均超过1亿元，报告期内发行人现金分红约3亿元。发行人闲置资金以及持股5%以上股东收到的现金分红款大多用于购买大额存单等理财产品。截至2021年6月末，发行人协定存款余额约1.4亿元，发行人实际控制人及其配偶持有大额存单合计约1.4亿元。

现场督导发现，保荐人对与资金相关的核查程序执行不到位：

1. 针对发行人实际控制人及其配偶持有的大额存单等理财产品，保荐人未对报告期内是否存在质押等权利受限情况进行核查。

2. 报告期内，发行人实际控制人等主要股东及其近亲属合计取现金额约为2300万元，保荐人仅获取上述人员确认现金消费用途的承诺、说明等主观材料，未针对取现资金去向获取充分证据。

综上，保荐人未获取充分证据说明发行人及其主要股东不存在通过取现、质押理财产品套取资金等方式进行体外资金循环之情形。

> **小兵评析**
>
> 从公开披露的信息来判断，这个问题其实就说明了一点，发行人账上有很多钱，也买了很多理财产品，保荐机构对于这个问题的核查不到位，从而不能保证不存在资金体外循环的情形。如果深度思考，这个案例最大的问题甚至影响IPO上市条件的还是证监会系统人员入股问题。

当然，这几个问题我们也不再深度分析。关于个人银行流水核查，小兵一直坚持的观点是，如果发行人财务数据没有异常，实际控制人及高管银行流水核查基本到位，就应该相信发行人的业务和财务，而保荐机构对于这类事项没有做到更大范围的核查也可以理解。

五、天威新材：对发行人相关资金流水核查不充分

现场督导发现：

1. 保荐人无法取得并核查发行人多名持股5%以上的自然人股东、关键岗位人员周某某等拥有境外永久居留权人员的资金流水，但未披露核查受限情况，发表的核查意见不准确。

2. 保荐人对发行人关联方资金流水核查不充分。保荐人称对关联法人、关联自然人资金流水核查设定的重要性水平分别为单笔20万元、单笔5万元人民币或等值外币。但保荐人核查记录显示，是通过抽查方式核查资金流水的笔数、金额，且自行排除对"薪酬、购买理财产品、日常消费、对外投资以及分红等收支情形"的资金流水核查。同时，经查看保荐工作底稿，对于27笔单笔金额达到重要性水平的资金流水未见核查记录。

3. 发行人子公司负责人报告期内与客户实际控制人持续存在资金往来，其中涉及收入303万元、支出309万元，未在核查情况中予以披露。

> **小兵评析**
>
> 对于银行流水核查，保荐机构以及相关业务人员真是又爱又恨，有时候通过核查流水真的能发现一些问题或者线索，但是核查银行流水真的是一个伤神费力的劳苦工作。
>
> 对于这个案例银行流水核查一些不到位的情形，有些是可以容忍的，

比如，某些流水没有核查记录；忽略了某些交易内容的核查，等等。当然，对于拥有境外居留权的重要股东和人员没有取得完整的银行流水，显然是不合理的。本案例没有明确是没有取得全部的银行流水，还是没有取得境外的银行流水；如果只是没有取得境外的银行流水，保荐机构的责任就会小很多。

六、北交所某项目：保荐机构对某公司关键人员资金流水核查不充分

B公司2017—2021年连续5年销售收入均为5.5亿元左右，下游客户需求较为稳定，2022年收入大幅上涨至7.4亿元，同比增长33.44%。审核中关注B公司收入大幅增长的真实合理性，保荐机构对某公司订单获取合规性的核查是否充分，对相关主体的资金流水核查是否充分，获取订单过程中是否存在商业贿赂行为。

小兵评析

关于资金流水核查的问题，北交所IPO基本上也达成共识，与沪深IPO保持一致，不论是核查范围还是核查的标准。具体到本案例发行人，连续5年每年的收入都非常稳定甚至几乎没有变化，为什么在2022年也就是IPO报告期最后一年突然增长50%？业绩的增长是否真实，是否合理，必然是需要重点关注的事项。

通过银行流水的核查，至少可以针对收入真实性去核查几个目标：是否存在虚构客户和销售通过体外资金回款？是否存在体外资金垫付成本费用的情形？是否存在通过体外资金进行业务开展过程中的商业贿赂的情形？

现场督导发现，保荐机构对某公司关键人员资金流水异常的情况未保持应有的职业谨慎，未充分履行核查程序：

1. 某公司的财务总监、销售总监在 2019 年向主要客户的关键人员甲转账 106.2 万元，某公司就上述资金往来未提供合理解释，2023 年督导组进场一周后甲偿还了上述资金的本息。

2. 报告期内某公司关键人员存在大额存取现的情况，如销售总监个人账户大额现金存取合计 518.96 万元；财务总监个人账户大额现金存取合计 1099.43 万元；关键销售人员个人账户大额现金存取合计 460 万元。

3. 某公司关键人员与供应商及其他个人之间存在大额异常资金往来，如报告期内某公司财务总监、关键销售人员合计收取自然人乙的资金 1103.94 万元，某公司解释为个人资金拆借。在存在前述诸多疑点的情况下，保荐机构未实施进一步核查程序，即认为某公司相关主体资金流水不存在异常。

关于这个案例提及的银行流水核查的三种情形以及涉及的问题，大家是不是觉得很熟悉，其实小兵在分析一系列沪深交易所 IPO 现场督导案例的时候，多次提及这个案例中存在的问题：

1. 发行人关键人员（董事、高管、财务、销售）与客户或者关联人员存在频繁的资金往来且没有合理的解释；如果是借款，则没有客观证据。

2. 发行人关键人员存在频繁的大额取现的情形。现在这种支付便捷程度下，毫不夸张地说，任何一笔取现都可能是为了见不得人的目的。

3. 发行人关键人员与供应商以及相关人员存在频繁的大规模的资金往来，解释为个人拆借没有客观证据，实践中很可能是通过供应商套取相关资金用作别的用途。

不管怎样，通过上述的核查，还是对发行人收入真实性和成本的完整性有了更多的怀疑。

第三节 内控和信披

一、穗晶光电：未充分核查发行人研发费用、成本核算、产品质量控制等事项

1. 对发行人研发活动尽职调查不充分，对研发费用的归集核查不审慎。招股说明书披露，报告期各期发行人研发费用分别为 2522.70 万元、2612.23 万元和 2312.99 万元，其中研发人员工资薪酬占比较高。现场检查发现，发行人将部分非研发部门员工的工资归集到研发费用，各年度分别多计 111.13 万元、170.91 万元和 172.02 万元研发费用，相应少计营业成本。

2. 未充分核实发行人返修业务账务处理情况，未发现发行人对返修产品成本核算不准确。招股说明书披露，发行人于 2019 年变更存货成本核算会计政策，将档外产品区分为可售档外产品、不可售档外产品。现场检查发现，发行人仍存在未将返修后归类为不可售档外产品的成本转入当期损益的情况，导致返修完工入库产品成本核算不准确。报告期各期净利润影响分别为 -27.12 万元、-178.46 万元、30.92 万元。

3. 对发行人产品质量控制核查不充分，未督促发行人在招股说明书中充分揭示因违反质量保证条款导致的违规风险。招股说明书披露，发行人在采购、研发、生产、销售等方面都有完整的品质管控体系保障产品质量。现场检查发现，发行人在部分灯珠生产中违反与客户签订的协议，擅自将

原材料中的高价支架替代为低价支架、高价芯片替代为低价芯片，产品质量控制存在薄弱环节，业务经营可能面临违约风险。

4. 未对发行人与光明半导体（天津）有限公司之间的业务模式进行充分核查。申报文件和审核问询回复显示，报告期内发行人向光明半导体（天津）有限公司既有销售又有采购，采用总额法核算。现场检查发现，发行人未在审核问询回复中如实披露上述业务中应当采用净额法核算的情形，2018 年、2019 年采用净额法核算的收入分别为 404.38 万元、106.63 万元。

小兵评析

这几个问题均涉及财务核算的准确性和谨慎性，在小兵看来，算是"每个 IPO 项目组都会犯的错误"。如果这些问题涉及金额不是很大，对财务数据影响也有限，且不存在明显的虚假或者异常的情形，那么 IPO 审核中倒不必苛责和关注。毕竟，从某种意义上来说，没有绝对完美的 IPO 项目；任何一个项目，只要找毛病，都会有很多。当然，这个案例也从另外一个角度提示我们，在 IPO 项目中，有些财务核算问题是非常重要且需要格外关注的，这就包括但不限于：研发费用归集、成本核算完整、质量控制体系以及业务模式披露等。

二、美庐生物：未充分披露与经销商存在售后代管代发安排，相关信息披露与实际情况不符

招股说明书（申报稿）披露，经销商上海赛瑞益升健康食品有限公司（以下简称上海赛瑞）于 2021 年 7 月开始与发行人合作销售特医食品，当年成为发行人第二大客户，销售金额为 1804 万元。销售合同约定，产品由发行人负责运输并承担运费，相关销售在"发货并获得客户确认收货"后确认收入。

现场督导发现，发行人 2021 年销售给上海赛瑞的产品，实际出库数量为 36 万听，远低于财务账面销售数量 47 万听，出库单出现"只打单不发货"等备注信息。2021 年 12 月，发行人向上海赛瑞销售 11 万听产品，上海赛瑞下单后发行人当月即确认收入 456 万元，但前述产品直至 2022 年 3 月才实际出库。发行人称与客户上海赛瑞存在售后代管代发安排，销售出库单地址为系统维护的联系地址、收货地址为发行人仓库，上海赛瑞对货物通过远程视频签收确认。

经检查，双方签订的销售合同并未对售后商品存放于发行人处、发行人代为发货等事项进行约定。现场督导中，发行人提供了双方于 2022 年 2 月补签的《物流发货协议》，但该协议未约定起始时间，也未对双方存放于发行人处商品的保管义务、毁损灭失风险进行具体约定。发行人未按照《深圳证券交易所创业板股票首次公开发行上市审核问答》（已失效）第 29

问的要求充分披露与经销商上海赛瑞存在的售后代管代发安排及收入确认依据，相关信息披露与实际情况不符。

> **小兵评析**
>
> 发行人与第二大客户的合作存在很多基本商业逻辑上的漏洞，而发行人和项目组的解释以及后续的补救措施，非但没有彻底解释清楚问题，反而使之更加迷离。发行人第二大客户的情况简单总结如下：
>
> 1. 这个客户在2021年7月也就是IPO报告期最后一年与发行人开始合作，当年就成为发行人第二大客户。
>
> 2. 发行人向这个客户销售的产品，收入确认的金额远远高于出库量，或者出库时间远晚于收入确认时间。
>
> 3. 为了解释这个差异，发行人与客户补签了一个协议，意思就是发行人销售之后代客户保管。而协议中又没有对保管的时间、保管的相关责任作出明确界定，因而这个协议很可能是无奈之下仓促打的一个补丁而已。
>
> 从上述三种情况来看，就算发行人不是业绩造假，其通过调整收入确认区间来调节和粉饰业绩的可能性还是很大的。发行人故意隐瞒这种情况，有两种可能，要么是为了避免审核关注，要么就是名义上售后代管，实际是财务造假。这个案例的所谓售后代管协议，还是后面补签的，到底是真的售后代管，还是存在其他的可能，都不好说了。
>
> 售后代管属于新收入准则引入的一类非常特殊的模式。售后代管商品是指根据企业与客户签订的合同，已经就销售的商品向客户收款或取得了收款权利，但是直到在未来某一时点将该商品交付给客户之前，仍然继续持有该商品实物的安排。对于IPO而言，如果说是售后代管，首先，要确认是否为真实的售后代管，还是为了提前确认收入而操作的虚假售后代管。其次，如果是真的售后代管，按会计准则规定，其收入确认条件也是苛刻的。

实务中，客户可能会因为缺乏足够的仓储空间或生产进度延迟而要求与销售方订立此类合同。在这种情况下，尽管企业仍然持有商品的实物，但是，当客户已经取得了对该商品的控制权时，即使客户决定暂不行使实物占有的权利，其依然有能力主导该商品的使用并从中获得几乎全部的经济利益。因此，企业不再控制该商品，而只是向客户提供了代管服务。

在售后代管商品安排下，除了应当考虑客户是否取得商品控制权的迹象之外，还应当满足下列四项条件，才表明客户取得了该商品的控制权：一是该安排必须具有商业实质。例如，该安排是应客户的要求而订立的。二是属于客户的商品必须能够单独识别。例如，将属于客户的商品单独存放在指定地点。三是该商品可以随时交付给客户。四是企业不能自行使用该商品或将该商品提供给其他客户。实务中，越是通用的、可以和其他商品互相替换的商品，越难以满足上述条件。

最后，我们从IPO审核的角度来看售后代管，其收入确认条件方面非常苛刻，要求相关商品高度的可识别、可区分、特定化。从实践来看，发行人已经销售的商品，还放在发行人仓库，本来就是非常敏感的事项，能不能确认收入可能会被反复问询。

三、天威新材：未按照审核问询要求如实、完整披露客户关键人员为发行人及关联方前员工、与关联方重叠供应商等情形

在审核问询中要求发行人补充披露客户实际控制人、股东、董监高等为发行人及关联方前员工、发行人与关联方重叠供应商等情形，发行人回复并披露了相关信息。

现场督导发现，发行人遗漏披露多家客户的总经理、监事、股东或负责销售回款重要岗位人员等为发行人及关联方前员工的情形；关于发行人与关联方重叠供应商相关信息披露不完整，遗漏披露发行人和珠海天威飞马打印耗材有限公司、发行人和天威打印机耗材制造厂均存在向重叠供应商采购的情形。

小兵评析

从 IPO 上市条件和审核标准来说，发行人某些客户或者供应商的实际控制人、股东、高管、重要岗位人员是前员工的情形，并不构成实质性障碍，前提是这些前员工的客户或供应商占对应的比例不是很高且能够充分核查披露清楚，能够论证相关交易的真实性和合理性。

具体到这个案例，在信息披露方面应该是遗漏披露了前员工的情形。不过根据披露的信息猜测遗漏披露的数量和金额占比应该是不高的，或者没有超过重要性水平，不然这个问题可算是一个比较严重的信息披露重大遗漏的问题。

四、天威新材：部分事项核查程序执行不到位

现场督导发现，东莞证券及保荐代表人邢某某、潘某某对于以下事项的核查程序执行不到位：

1. 对于客户关键人员为发行人及关联方前员工、发行人与关联方的重叠供应商等情形未充分进行核查，导致审核问询回复存在遗漏，发表的核查意见不准确。

2. 关于发行人销售收入细节测试程序执行不到位。保荐工作底稿有关销售收入细节测试中仅见物流单、发票，缺失订单；未见部分境外销售收入执行细节测试的记录，细节测试缺失货运提单。

3. 对发行人客户和供应商的函证程序执行不到位。未见对回函不符、未回函等异常情形进一步核查或采取替代程序；保荐人所披露的发函、回函比例与函证底稿不符，相关函证结果统计数据来自会计师，但未见保荐人复核会计师函证结果相关程序的记录。

> **小兵评析**
>
> 对于财务核查，关于一些细节测试或者函证操作以及细节完善的问题，实践中有很多争议或者受限的情况，如何在效率和程序之间实现平衡，其实一直是需要思考的一个重要问题。
>
> 这个案例，总体来讲，发行人整体上没有非常严重的财务数据和上市条件上的问题，倒是保荐机构的一些操作确属典型问题，因而被格外

关注。审核动态披露的现场督导的信息，与后来出具自律监管处罚意见的内容基本上是重合的。换句话说，我们分析的监管处罚的内容是完全根据现场督导的结果来进行的，是现场督导给了处罚的理由和依据。

五、福特科：发行人违规担保信息披露不完整

招股说明书披露，2019年1月24日，发行人以1500万元定期存单质押的方式为关联方集龙科技在民生银行福州分行申请1500万元商业承兑汇票贴现违规提供担保。经检查发现，集龙科技交易对手方为华旭光电而非外部独立第三方、开具的商业承兑汇票没有真实业务背景以及贴现取得的资金基本流向发行人实际控制人黄某某等，具体如下：

2018年6月20日，华旭光电与集龙科技签订了1500万元软件采购合同，但集龙科技于2018年10月19日进行清算，2018年年末停止实际经营，软件采购合同并未实际执行。华旭光电在集龙科技停止经营后，仍于2019年1月25日向其开具1500万元商业承兑汇票，集龙科技取得前述商业承兑汇票，当日即向银行申请贴现，并由发行人以1500万元定期存单质押的方式为票据贴现提供担保，票据贴现取得的1433.53万元中有1432.50万元转给发行人实际控制人黄某某。

小兵评析

这个案例作为IPO注册阶段启动现场检查的经典案例，我们已经从很多角度作了分析。这里涉及的问题，其实与我们以前分析的实际控制人占用发行人资金的情形有点类似，简单来说就是：发行人为关联方的票据贴现违规提供担保，而票据贴现的资金最终转入实际控制人的账户。

从IPO审核的要求来说，发行人是不允许为关联方提供担保的，而这里发行人不仅违规对外提供了担保，并且保荐机构也没有核查到位，没有进行充分的信息披露，遗漏了关联担保的情形。

第四节　其他方面

一、美庐生物：发行人关联交易未真实终止

发行人关联供应商 D 成立次年即成为发行人前五大供应商、第一大包装材料供应商。实际控制人甲的亲属乙为某公司关键销售人员，报告期内发行人向某公司采购金额重大。发行人披露，为减少关联交易，发行人终止向某公司采购，改为从第三方 E 公司采购。

现场督导发现，发行人未真实终止与某公司的关联采购交易：

1. 某公司工商信息登记的法定代表人、联系人均为乙，且其实缴注册资本、日常运营资金来源于乙，乙疑似为某公司的实际控制人。

2. 发行人虽与 E 公司签订包装材料采购合同，但相关材料实际仍由某公司生产运输至发行人，且与发行人对接采购事宜的仍为乙。

3. 发行人通过票据背书、转账等方式向 E 公司合计支付采购款 2000 余万元，但 E 公司收到后将其中绝大部分转支付给某公司。

小兵评析

以前 IPO 审核制时期，曾经有一段时间对发行人可能涉及的关联方非关联化的问题进行过集中核查和治理，不知道这个项目的项目组有没有经历这个阶段。如果没有经历，或许就不能真正理解 IPO 审核监管机构对于这种粗劣的、毫无技术含量的、明目张胆签署"抽屉协议"从而

规避 IPO 审核监管的行为是如何坚持高压的态度。

美庐生物的操作就属于典型的关联方非关联化的情形，并且还操作了两个层次：

1. 实际控制人的弟弟实际控制第五大供应商，但是名义上只是一个销售人员，其实所有的出资控制权都是实际控制人的弟弟。

2. 保荐机构认为这个供应商也是关联方，按照关联方披露，发行人终止了关联交易。结果，最终操作只是构造了最简单的非关联化的模型，就是在甲和乙两个关联方之间加了一个空壳过渡方丙，从形式上解决了关联交易问题，结果是根本经不起任何核查。

这个问题本身比较清晰，就是发行人为了顺利通过审核，虚假减少关联交易，找了一家第三方在中间，将关联交易非关联化。关键是督导组是怎么发现这个问题的呢？我们来学习借鉴一下：

1. 发行人披露，其实际控制人甲的亲属乙为某公司关键销售人员。但督导组经过核查关联方某公司的工商信息（天眼查、企查查都可以查）和资金流水发现，某公司工商信息登记的法定代表人、联系人均为乙，且实缴注册资本、日常运营资金来源于乙，乙疑似为某公司的实际控制人。这其实是一个很重要的信息，某公司不是一般关联方，而是实控人亲属直接控制的企业，他会不会真的就简单终止与亲属企业的大额交易呢？这块业务对亲属的企业某公司来说，是很重要的、占大头的业务，真的终止了，亲属的公司是不是也可以关门了？所以，这也是从商业合理性上提醒我们，此时就要判断这种关联交易终止的真实性。

2. 督导组发现，发行人虽与 E 公司签订包装材料采购合同，但相关材料实际仍由某公司生产运输至发行人，且与发行人对接采购事宜的仍为乙。公开信息没有披露督导组拿到的具体是什么证据，但结合后续以此对发行人通报批评，可以推断督导组拿到了充分的证据。根据以往经验，这种问题的证据，通常要么是发行人相关人员主动承认，要么是督导组在发行人 OA 系统、往来邮件中找到了双方业务往来的直接信息，要么是在货物物流信息中找到了关键的痕迹。当然，毕竟相关材料实际是从某公司生产运输到发行人的，如果拿到相关物流信息，也可以验证。

3. 发行人通过票据背书、转账等方式向 E 公司合计支付采购款 2000 余万元，但 E 公司收到后将其中绝大部分转支付给某公司。也就是说，发行人购买材料给明面上供应商所支付的款项，最终都实际转入实控人亲属控制的某公司，这就相当于发行人还是在向某公司支付材料采购款。

这个问题提示我们，IPO 财务核查必须要看关联方的资金流水，而且仅看资金流水还远远不够，因为其中有一部分款项是票据背书、票据流转的。这部分如果不追查票据背书、流转情况，而只看资金流水，也是看不到的。督导组把资金支付的、票据支付的，全部查得清清楚楚、明明白白，必然是对资金流水、票据流转情况都进行了全面穿透核查。

对于中介机构来说，要怎么核查呢？其实只要我们要求关联方提供其公司的财务账套和银行流水，一看就清楚明白。因为发行人背书给表面供应商的票据，如果表面供应商再背书给某公司，那么某公司必然账面上会在相近时间记录收到票据，银行流水流入也是类似。所以，当我们对发行人某些关联交易的真实性、公允性有疑虑，务必要求关联方配合提供财务账套和资金流水；不配合提供的话，项目的风险自然不可控。

另外，这个案例也提醒我们，发行人在各种销售采购交易中，不使用银行转账，而使用票据背书方式支付流转的，也可能是为了规避中介核查，它们会以为票据流转痕迹不太好核查。现实是，现在很多都是电子汇票了，都可以查到票据流转过程中每一个参与方是谁，最终票据背书给了谁。发行人不应该抱着侥幸心理，以为不通过银行转账就没法查了。

最后还要强调一点，交易所通过这个督导案例，对资金流水和票据流转核查的标准和边界，给出了很好的示范，可以说是手把手教了，值得认真借鉴与思考。总结起来，一是实际控制人和董监高的大额资金转出，必须有客观证据证明去向，不能全是说明、承诺、访谈这些主观的。特别是销售回款还异常的时候（可能来自实际控制人流出的资金），销售真实性就说不清了。二是关联方的资金流水和财务账套必须取得并全面核查，这对于我们判断交易的真实性和公允性非常重要。三是票据本质上也是一种"货币"，票据流转信息也是资金流水的一种形式，我们在核查中千万不能疏忽放过。

二、天威新材：未严格执行利益冲突审查和回避管理相关规定

现场督导发现，东莞证券投资银行项目管理部（履行质量控制职能）总经理潘某某同时担任项目保荐代表人。潘某某未严格按照《证券公司投资银行类业务内部控制指引》第 32 条的规定，在复核项目"申请辅导验收"和"股东信息查询"流程时进行回避，存在利益冲突。东莞证券在该项目立项、质控程序中对项目组成员、质控负责人的利益冲突审查不充分，质控负责人未严格执行回避管理规定。

小兵评析

这里披露的信息已经非常委婉，只是涉及关于质控负责人在担任项目签字保代的时候，IPO 项目的相关流程如何回避的问题。这个问题在审核过程中也关注到，发行人和保荐机构还做了解释，认为只是在某些程序和环节存在一些回避的瑕疵，不是什么大事。

以前，曾经有过投行质控或者内核人员签字保代的情形，这种情况下，这个质控员工回避不审核自己的项目，理论上还有可能，当然现在这种情形已经不再出现了。不再出现的原因，一是三道防线的投行内控标准已出台，二是现在保代太多，不缺人签字，当然最重要的是签字费越来越少，没啥吸引力。如果签字费有足够的吸引力，内控防线也防不住。

关于质控负责人和内核负责人做签字保代的情形，应该是有人想过但是实践中真的没人干过。可以这么想，一个质控负责人都做保代了，怎么回避，质控负责人都回避了，哪还有什么三道防线？

这个案例，交易所也是作为一个典型的案例对外公布，主要就是要杜绝和防止这种影响投行独立判断的情形出现。

小兵·联资本运作联盟
提供友好、清晰、全方位的资本运作服务

xblm

紧跟前沿，探究理论，聚焦热点，服务实践。
　　——李存周　中翰税务事务所集团副理事长、合伙人，天津中翰英特税务师事务所所长

与时代同行，在资本市场变迁中感受科技与时代的脉动。
　　——尹燕波　山东众成清泰（济南）律师事务所资本市场部副主任、高级合伙人

在资本的浪潮中，小兵的笔触揭示了智慧的灯塔，愿他的洞见启迪更多探索者。
　　——李彦馨　北京五辰律师事务所首席合伙人　管委会主任

办心安理得的案件。
　　——卢捷龙　广东子库律师事务所主任律师

生命不息，学习不止。
　　——郭秋霞　上海安融浩和企业咨询有限公司总裁

和投行小兵一起学习新规案例，受益匪浅，越专注越专业。
　　——应华俊　江苏省证券与资本市场业务委员会委员、
　　　　　　中银（南京）律师事务所投融资并购重组委员会主任

感谢小兵·联为大家提供学习交流资本运作的平台。
　　——李曙亮　国富浩华（河南）税务师事务所所长

该书以真实案例场景展现，现场解剖，为广大拟IPO企业提供指引。
　　——王俊　合肥中米财税服务有限公司总经理

再长的路，也能一步步走完；再短的路，不迈开双脚也无法到达。
　　——汤倩　湖北中定诚会计师事务所总经理

如要加入小兵·联，可发送介绍至邮箱xiaobingyanjiu2019@126.com。